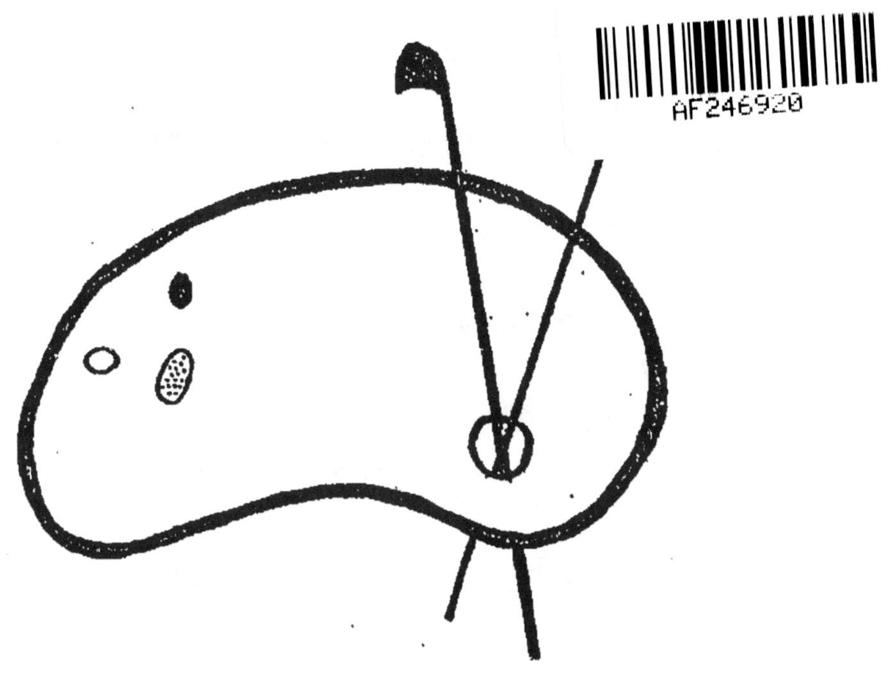

DEBUT D'UNE SERIE DE DOCUMENTS
EN COULEUR

SCIENCE ET RELIGION

Études pour le temps présent

UN

MIRACLE CONTEMPORAIN

(PIERRE DE RUDDER)

PAR

Alfred DESCHAMPS, S. J.

Docteur en médecine et en sciences naturelles

PARIS

LIBRAIRIE BLOUD & Cie

4, RUE MADAME ET RUE DE RENNES, 59

1903

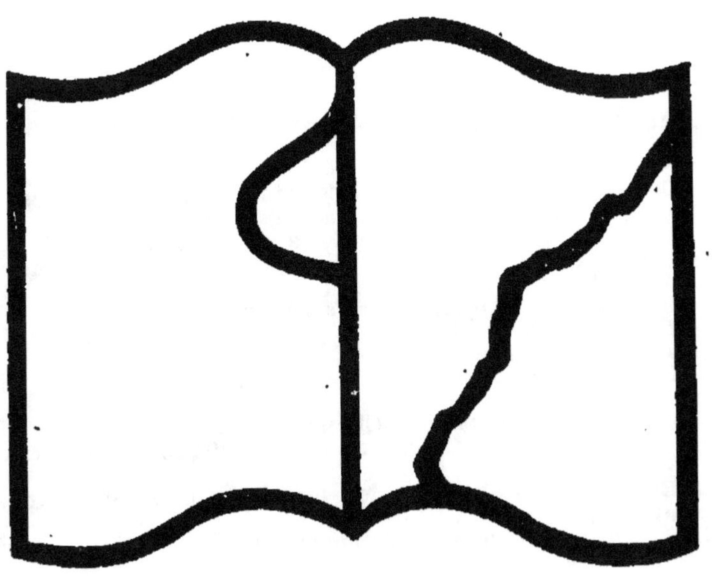

Texte détérioré — reliure défectueuse

NF Z 43-120-11

SCIENCE ET RELIGION

Études pour le temps présent. — Prix : 0 fr. 60 le vol.

— Certitudes scientifiques et certitudes philosophiques, par le
R. P. DE LA BARRE, S. J., prof. à l'Institut catholique de Paris.   1 vol.
— *Du même auteur :* L'Ordre de la nature et le Miracle.   1 vol.
— L'Ame de l'homme, par J. GUIBERT, supérieur du séminaire de
l'Institut catholique de Paris.   1 vol.
— Faut-il une religion ? par l'abbé GUYOT.   1 vol
— *Du même auteur :* Pourquoi y a-t-il des hommes qui ne pro-
fessent aucune religion ?   1 vol
— Nécessité scientifique de l'existence de Dieu, par P
COURBET.   1 vol
— *Du même auteur :* Jésus-Christ est Dieu.   1 vol
       id.   Convenance scientifique de l'Incarna-
               tion.   1 vol
— Études sur la pluralité des mondes habités et le dogme de
l'Incarnation, par le R. P. ORTOLAN.
  I. — *L'Epanouissement de la vie organique à travers les plaines de
    l'infini.*   1 vol
  II. — *Soleils et terres célestes.*   1 vol
  III. — *Les Humanités astrales et l'Incarnation.*   1 vol
— *Du même auteur :* La Fausse Science contemporaine et les
               Mystères d'Outre-tombe.   1 vol
       id.   Vie et Matière ou Matérialisme et spiritua-
               lisme en présence de la Cristallo
               génie.   1 vol
       id.   Matérialistes et Musiciens.   1 vol
— L'Au-delà ou la Vie future d'après la foi et la science, pa
l'abbé J. LAXENAIRE.   1 vol
— Le Mystère de l'Eucharistie. — Aperçu scientifique, pa
l'abbé CONSTANT.   1 vol
— *Du même auteur :* Le Mal, sa nature, son origine, sa répa
ration.   1 vol
— L'Eglise catholique et les Protestants, par G. ROMAIN.   1 vol
— *Du même auteur :* L'Inquisition, son rôle religieux, politique e
social.   1 vol
— Mahomet et son œuvre, par I. L. GONDAL, professeur d'apolo
gétique et d'histoire au séminaire Saint-Sulpice.   1 vol
— *Du même auteur :* L'Eglise Russe.   1 vol
— Christianisme et Bouddhisme (*Etudes orientales*), par l'abb
THOMAS, vicaire général de Verdun.   2 vol
— *Du même auteur :* Dieu auteur de la vie.   1 vol
       id.   La Fin du monde d'après la Foi.   1 vol
— Où en est l'hypnotisme, son histoire, sa nature et ses dangers
par A. JEANNIARD DU DOT, auteur du *Spiritisme dévoilé.*   1 vol
— *Du même auteur :* Où en est le Spiritisme.   1 vol
       id.   L'Hypnotisme et la science catholique.   1 vol
       id.   L'Hypnotisme transcendant en face de la
               philosophie chrétienne.   1 vol

— **L'Apologétique historique au XIXe siècle. La Critique irréligieuse de Renan**, etc., par l'abbé Ch. DENIS.   1 vol.

— **Nature et Histoire de la liberté de conscience**, par l'abbé CANET.   1 vol.

— **L'Animal raisonnable et l'Animal tout court**, par C. de KIRWAN.   1 vol.

— **La Conception catholique de l'Enfer**, par l'abbé BRÉMOND. 1 vol.

— **L'Attitude du catholique devant la Science**, par G. FONSEGRIVE.   1 vol.

— *Du même auteur* : **Le Catholicisme et la Religion de l'Esprit.**   1 vol.

— **Du Doute à la Foi**, par le R. P. TOURNEBIZE, S. J.   1 vol.

— *Du même auteur* : **Opinions du jour sur les peines d'outre-tombe.**   1 vol.

— **La Synagogue moderne**, sa doctrine et son culte, par A. F. SAUBIN.   1 vol.

— *Du même auteur* : **Le Talmud et la Synagogue moderne.** 1 vol.

— **Evolution et Immutabilité de la doctrine religieuse dans l'Eglise**, par M. PRUNIER, supérieur de grand séminaire.   1 vol.

— **La Religion spirite**, son dogme, sa morale et ses pratiques, par I. BERTRAND.   1 vol.

— *Du même auteur* : **L'Occultisme ancien et moderne.**   1 vol.

— **L'Hypnotisme franc et l'Hypnotisme vrai**, par le Docteur HÉLOT.   1 vol.

— **L'Eglise et le Travail manuel**, par l'abbé SABATIER.   1 vol.

— **Unité de l'espèce humaine**, *prouvée par la similarité des conceptions et des créations de l'homme*, p. le marquis de NADAILLAC.   1 vol.

— *Du même auteur :* **L'Homme et le Singe.**   2 vol.

— **Le Socialisme contemporain et la Propriété**, par M. G. ARDANT.   1 vol.

— **Pourquoi le Roman à la mode est-il immoral et pourquoi le Roman moral n'est-il pas à la mode ?** p. G. d'AZAMBUJA.   1 vol.

— **Comment se sont formés les Evangiles ?** par le P. Th. CALMES, professeur au grand séminaire de Rouen.   1 vol.

— **L'Impôt et les Théologiens**, *Etude philosophique, morale et économique*, par le comte de VORGES, ancien ministre plénipotentiaire, membre de l'Académie de Saint-Thomas, etc., etc.   1 vol.

— *Du même auteur* : **Les Ressorts de la Volonté et le libre arbitre.**   1 vol.

— **Nécessité mathématique de l'existence de Dieu.** *Explications. — Opinions, Démonstrations*, par René de CLÉRÉ.   1 vol.

— **Saint Thomas et la Question juive**, par Simon DEPLOIGE, professeur de l'Université Catholique de Louvain.   1 vol.

— **Premiers principes de Sociologie Catholique**, par l'abbé NAUDET.   1 vol.

— **La Patrie.** — *Aperçu philosophique et historique*, par J. M. VILLEFRANCHE.   1 vol.

— **Le Déluge de Noé et les races Prédiluviennes**, par C. de KIRWAN.   2 vol.

— **La Saint-Barthélemy**, par Henri HELLO.   1 vol.

— **L'Esprit et la Chair.** *Philosophie des macérations*, par Henri LASSERRE, auteur de *Notre-Dame de Lourdes*, etc., etc.   1 vol.

— Le Levier d'Archimède ou la Mécanique céleste et le Céleste mécanicien, par le R. P. ORTOLAN. 2 vol.

— Ce que le Christianisme a fait pour la femme, par G. d'AZAMBUJA. 1 vol.

— L'Hypnotisme et la Stigmatisation, par le Dr IMBERT-GOURBEYRE. 1 vol.

— L'Éducation chrétienne de la Démocratie, *essai d'apologétique sociale*, par CH. CALIPPE. 1 vol.

— La Religion catholique peut-elle être une science ? par l'abbé G. FRÉMONT. 1 vol.

— *Du même auteur* : Que l'Orgueil de l'Esprit est le grand écueil de la Foi, *Théodore Jouffroy, Lamennais, Ernest Renan.* 1 vol.

— La Révélation devant la Raison, par F. VERDIER, supérieur de Grand Séminaire. 1 vol.

— Confréries musulmanes. — *Histoire, Discipline, Hiérarchie,* par le R. P. PETIT. 1 vol.

— Pratique de la Liberté de conscience dans nos Sociétés contemporaines, par l'abbé CANET. 1 vol.

— Comment peut finir l'Univers, d'après la science, par C. de KIRWAN. 1 vol.

— Les Théories modernes de la Criminalité, par le Docteur DELASSUS. 1 vol.

— Faillite du Matérialisme, par Pierre COURBET, 3 vol. *se vendant séparément :*

   I. — *Historique.* 1 vol.
   II. — *Discussion ; l'atome et le mouvement.* 1 vol.
   III. — *Discussion ; l'éther, les gaz, l'attraction. Conclusion. — Appendice.* 1 vol.

— Le Globe terrestre, par A. DE LAPPARENT, Membre de l'Institut, professeur à l'École libre des Hautes Études, 3 vol. *se vendant séparément.*

   I. — *La Formation de l'écorce terrestre.* 1 vol.
   II. — *La nature des mouvements de l'écorce terrestre.* 1 vol.
   III. — *La Destinée de la terre ferme et la Durée des temps.* 1 vol.

— De la Connaissance du Beau, *sa définition, application de cette définition aux beautés de la nature,* par l'abbé GABORIT, archiprêtre de la Cathédrale de Nantes. 1 vol.

— Le Diable dans l'Hypnotisme, par le docteur Ch. HÉLOT. 1 vol.

— De la Prospérité comparée des nations protestantes et des nations catholiques, *au point de vue économique, moral, social,* par le R. P. FLAMÉRION, S. J. 1 vol.

— L'Art et la Morale, par le P. SERTILLANGES, dominicain, docteur en théologie. 1 vol.

— La Sorcellerie, par I. BERTRAND. 1 vol.

— Qu'est-ce que l'Écriture sainte ? *Les Livres inspirés dans l'antiquité chrétienne : Théorie de l'inspiration,* p. le P. Th. CALMES, 1 vol.

— Les Morts reviennent-ils ? par J. BERTRAND. 1 vol.

(Demander la liste **complète** *des volumes* **Science et Religion,** *parus à ce jour).*

SAINT-AMAND (CHER). — IMPRIMERIE BUSSIÈRE

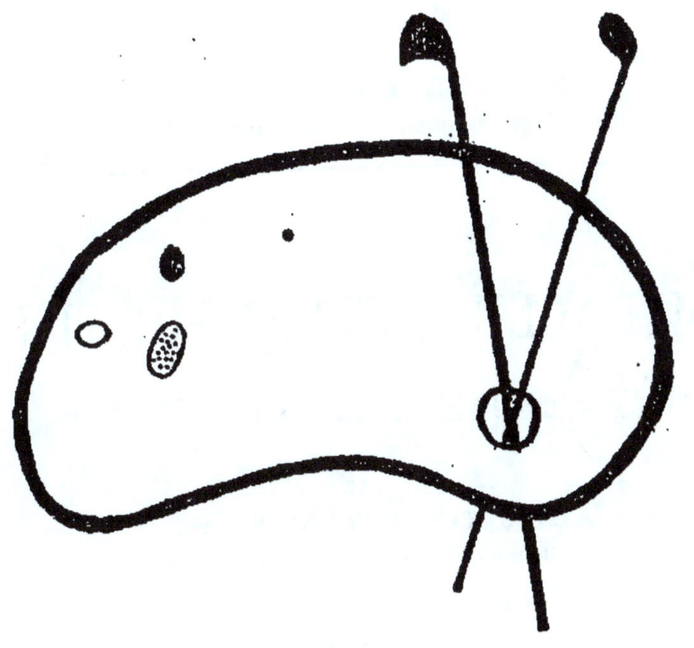

FIN D'UNE SERIE DE DOCUMENTS
EN COULEUR

UN

MIRACLE CONTEMPORAIN

(PIERRE DE RUDDER)

PAR

Alfred DESCHAMPS, S. J.

Docteur en médecine et en sciences naturelles

PARIS

LIBRAIRIE BLOUD & Cⁱᵉ

4, RUE MADAME ET RUE DE RENNES, 59

1903

Ego Augustus Petit, Præpositus Provincialis Societatis Jesu in Belgio, potestate ad hoc mihi facta ab Admodum Reverendo Patre Ludovico Martin, ejusdem Societatis Præposito Generali, facultatem concedo, ut opus cui titulus : *Un Miracle contemporain,* a Patre Alfredo Deschamps, S. J. conscriptum et a deputatis censoribus rite recognitum atque approbatum, typis mandetur.

In quorum fidem has litteras manu mea subscriptas et sigillo meo munitas dedi.

Bruxellis, die 7 Junii 1902.
A. Petit, S. J.

Imprimatur

Parisiis, die 13 junii 1902
G. Lefebvre
vic. gén.

UN MIRACLE CONTEMPORAIN

> « Le miracle a eu lieu, donc il est possible. »
>
> (Abbé GONDAL.)

Au mois d'octobre dernier a paru, dans la collection : *Science et Religion*, un travail intitulé : *La Constatation du miracle* (1). L'auteur, M. l'abbé Is. Leroy, ancien directeur du grand séminaire de Séez, y démontre la certitude absolue du miracle à notre époque. Il engage ses lecteurs « à lire les monographies consacrées à trois miracles qu'il a choisis entre cent pour rendre sa démonstration plus précise » (n° 169, p. 31). Un des trois exemples cités est celui d'un miraculé belge : Pierre De Rudder. En octobre 1899, avec la collaboration de MM. les docteurs en médecine Van Hoestenberghe et Royer, nous avons publié, dans la *Revue des Questions scientifiques*, de Bruxelles, *le récit et l'étude scientifique* de cette guérison (2). Il nous paraît utile

---

(1) *La Constatation du miracle* (collection *Science et Religion*, n°ˢ 168 et 169). B. Bloud, Paris.

(2) Cet article a été publié en brochure sous le titre : *Guérison subite d'une fracture, Récit et Étude scientifique* par les docteurs Van Hoestenberghe, Royer et Deschamps, avec 4 planches hors texte en phototypie. Librairie scientifique L. Lagaert, Bruxelles (édition épuisée).

de reprendre le fait, et, par la réfutation des objections qu'on lui oppose, de mettre en pleine lumière sa vérité historique et son caractère surnaturel. Ce sera en quelque sorte un commentaire pratique des principes émis dans les deux opuscules de M. l'abbé Leroy. Le présent opuscule est extrait de conférences inédites, données, en janvier et février 1902, aux étudiants catholiques de l'Université de Liège.

CHAPITRE PREMIER

LE FAIT

I. — Récit

Jabbeke est une commune de la Flandre Occidentale, à distance à peu près égale de Bruges et d'Ostende. Elle compte 2000 habitants. A quelques minutes de l'église, sur la route qui conduit à Varssenaere, on voit, à gauche, une maisonnette de pauvre apparence. Un jardinet, bordé d'une haie, la sépare du chemin. C'est la modeste demeure de la famille De Rudder.

Pierre De Rudder, ouvrier agricole au service du sénateur Albéric du Bus de Ghisignies, était un travailleur modèle, estimé de son maître et excellent père de famille.

Il avait atteint l'âge de 44 ans, lorsqu'il fut victime d'un cruel accident. C'était le 16 février 1867. Deux jeunes bûcherons travaillaient dans le voisinage du château de M. du Bus. Un arbre qu'ils venaient d'abattre était malencontreusement tombé sur une culture voisine, et ils s'efforçaient de le déplacer. De Rudder, passant par là, vit l'embarras des bûcherons et s'offrit à les aider. Il devait payer cher sa complaisance.

Tandis qu'il coupait les branches d'un buisson qui

s'opposait à la manœuvre, l'arbre, que les deux jeunes
gens, s'aidant de leviers, soulevaient et poussaient en
avant, retomba brusquement et vint frapper si violemment De Rudder, qu'il le renversa, la jambe
gauche broyée sous le poids du tronc.

Le D\ Affenaer, d'Oudenbourg, fut appelé aussitôt.
Le blessé présentait au tiers supérieur de la jambe
une fracture des deux os, le tibia et le péroné. Le
médecin fit la réduction, et maintint les fragments au
moyen d'un bandage amidonné. Mais plus tard, à la
demande du blessé qui souffrait beaucoup, il dut
enlever l'appareil. Il découvrit, au dos du pied, une
large ulcération. A la partie supérieure de la jambe,
une autre plaie gangréneuse communiquait avec le
foyer de la fracture. Les fragments osseux, baignant
dans le pus, dépouillés de leur périoste, n'avaient subi
aucun travail de réparation. Malgré des soins assidus
prolongés pendant de longs mois, le D\ Affenaer ne
put obtenir la consolidation. Personne ne s'en étonnera.
Toute fracture compliquée de plaie est grave, et le
pronostic était particulièrement fâcheux à une époque
où l'on ne jouissait pas encore des bienfaits de l'antiseptie. Ajoutons que, par suite de l'écrasement de la
jambe, un fragment d'os mort ou *séquestre* avait dû
être enlevé par le médecin : il en était résulté un écartement permanent de plusieurs centimètres entre les
bouts à rejoindre.

Impuissant contre la suppuration incessante, le
D\ Affenaer désespéra de la guérison. Trois autres
médecins, consultés successivement, jugèrent à leur
tour que l'amputation de la jambe s'imposait. De
Rudder ne voulut à aucun prix se soumettre à cette

mesure extrême. Il passa une année au lit, dans de grandes souffrances. Quand il en sortit, ce fut pour se traîner péniblement, appuyé sur deux béquilles.

Avec l'incapacité de travail vint la misère, et la misère allait s'aggravant pour la pauvre famille, quand, plus de deux ans après l'accident, le vicomte du Bus, par charité, alloua à son ancien ouvrier un secours de huit francs par semaine.

Abandonné des médecins, le malheureux estropié se contentait de nettoyer ses plaies deux ou trois fois par jour et d'envelopper de linges le membre brisé.

Pareil traitement d'une fracture compliquée de suppuration restait naturellement sans effet.

Le Dr Van Hoestenberghe, de Stalhille, médecin des pauvres de la commune de Jabbeke, eut souvent l'occasion de voir De Rudder. Les années s'écoulaient sans amener la moindre amélioration. Au printemps de 1874, Pierre était assis au seuil de sa maisonnette, quand il vit passer le médecin de Stalhille. Il le pria de bien vouloir l'examiner. Le docteur l'invita à rentrer, et demeura longtemps avec lui. Pierre était très pâle ; sa maigreur était extrême ; ses traits exprimaient la lassitude et le découragement le plus profond. Il défit les linges qui entouraient la jambe gauche, et le Dr Van Hoestenberghe constata, au niveau du tiers supérieur du tibia, une plaie oblongue, à grand axe vertical. De l'ouverture découlait une sérosité purulente, brunâtre et très fétide. A l'aide d'un linge mouillé, il nettoya sommairement la plaie. Mettant alors la main gauche dans le creux du jarret et prenant le bas de la jambe de la main droite, il lui imprima un mouvement en arrière. Les bouts des fragments supérieurs et inférieurs du péroné et du tibia se montrèrent dans la plaie. Tout ce qu'on pouvait voir des os était dépouillé du périoste ; les surfaces de fracture présentaient plusieurs aspérités. Saisissant ensuite d'une main la partie supérieure de la jambe, et prenant le talon dans l'autre main, le médecin put, avec la plus grande facilité, porter le talon en avant et même dépasser la demi-circonférence ; ce mouvement de torsion n'avait d'autres limites que celles qu'impose la résistance des tissus mous. Au dos du pied, on voyait une autre plaie, d'où suintait aussi de la sérosité purulente.

Que dire à ce malheureux ? M. du Bus l'avait déjà fait examiner par plusieurs médecins : tous le déclaraient incurable et conseillaient l'amputation comme unique ressource. Le docteur de Stalhille fit de même ; mais De Rudder ne voulut rien entendre. « D'ailleurs, ajouta-t-il, M. le Vicomte m'a promis que le docteur Verriest, de Bruges, viendrait un de ces jours pour tâcher de me guérir. »

Le docteur Verriest vint, en effet : il immobilisa la jambe dans un appareil, laissant une fenêtre au niveau du foyer purulent de la fracture, et prescrivit de laver fréquemment les deux plaies avec une décoction d'écorce de chêne.

De Rudder fut de nouveau forcé de garder le lit.

Sur ces entrefaites, en juillet 1874, le Vicomte mourut, et avec lui disparut la modique pension hebdomadaire.

A cette époque, de fréquentes consultations mirent en rapport les docteurs Van Hoestenberghe et Verriest. Ils parlèrent souvent de De Rudder, auquel ils s'inté-

ressaient tous deux. Plusieurs fois le docteur Verriest
déclara à son confrère qu'il n'obtenait aucune amélioration. Il lui dit un jour que, la veille, Pierre avait
irrévocablement refusé d'entrer à l'hôpital de Bruges
pour se laisser amputer la jambe ; aussi avait-il re-
noncé à lui continuer des soins qu'il jugeait absolument inutiles. C'était vers le milieu de janvier 1875.
Le Dr Van Hoestenberghe partageait cet avis.

Sans espoir de soulager ce malheureux, mais mû de
commisération, il avait pris l'habitude de s'informer
de son état lorsqu'il lui arrivait de passer en face de
sa demeure. A la fin de décembre 1874, une quinzaine
de jours avant la dernière visite du Dr Verriest, il
avait trouvé De Rudder faisant son pansement. Le
bandage inamovible, n'amenant aucun résultat, avait
été supprimé, et le docteur, avec la même facilité
qu'autrefois, plia la jambe gauche dans son tiers
supérieur, et fit sortir de la plaie, située à ce niveau,
les bouts des fragments : ils avaient toujours le même
aspect d'os nécrosés. Rien n'était donc changé, et tout
espoir de guérison semblait bien définitivement perdu.

Nous arrivons ainsi jusqu'en avril 1875.

Le vendredi, 2 *avril, cinq jours avant le voyage à
Oostacker* que nous allons raconter, M. Jean Houtsaeger, tonnelier, alors domicilié à Jabbeke, et résidant
actuellement à Stalhille, constata que la jambe gauche
« était cassée entre le pied et le genou ; si bien cassée
que le malheureux pouvait, sans la moindre difficulté,
tourner les orteils en arrière, en laissant le genou en
place ; et quand il pliait la jambe à l'endroit de la bles-
sure, on apercevait entre les chairs meurtries les bouts
des os brisés ».

Le dimanche, *4 avril*, M. Louis Knockaert, culti-
vateur à Jabbeke, reçut Pierre de Rudder chez lui. Son
témoignage concorde avec celui de M. Houtsaeger :
« la jambe était cassée sous le genou, et du pus fétide
s'écoulait de la plaie située à ce niveau ».

Le mardi, *6 avril*, dans la soirée, M. Édouard Van
Hooren et son fils Jules se rendirent après leur travail
chez leur voisin De Rudder ; ils y restèrent près de
deux heures, causant longuement *du voyage du lendemain* : abandonné des médecins, Pierre voulait demander sa guérison à Notre-Dame de Lourdes, vénérée
à Oostacker (1). Jules Van Hooren manifesta le désir
de voir la jambe malade. Pierre renouvela son pansement devant ses visiteurs. Une voisine, Marie Wittezaele
qui, la veille encore, avait assisté au pansement, s'y
trouvait de nouveau. Dans une attestation signée par
ces trois témoins, le 27 avril de la même année, ils
affirment « avoir vu, le 6 avril 1875, la jambe
fracturée de De Rudder ; les extrémités des fragments
perçaient la peau et étaient séparées par une plaie
suppurante sur une longueur d'environ trois centimètres ».

J'insiste sur ces témoignages, malgré leur uniformité,
et en raison de cette uniformité même.

Le lendemain, *7 avril* — huit ans et deux mois
s'étaient écoulés depuis l'accident — on se prépara de
bon matin au pèlerinage. La femme de Pierre renou-

______

(1) Depuis près de trente ans, existe à Oostacker, village
situé à cinq kilomètres de Gand, un sanctuaire consacré à
N.-D. de Lourdes. Les pèlerins y viennent en foule de toute
la Belgique et du Nord de la France.

vela le pansement, et constata une fois de plus, ainsi que sa fille, l'état de la fracture Se traînant sur ses béquilles et aidé par sa femme, De Rudder mit plus de deux heures à franchir les 2 500 mètres qui le séparaient de la gare. Enfin, brisé de fatigue, il arriva à la maisonnette du garde-barrière, Pierre Blomme, où il attendit l'arrivée du train, qui partait vers six heures.

Interrogé plus tard par le Dr Royer, Blomme attesta qu'il y avait mobilité anormale sous le genou, à la partie supérieure du tibia. On voyait à ce niveau la jambe se plier et ballotter au moindre mouvement. Frappé par cette constatation : « Que voulez-vous aller faire à Oostacker? dit-il à De Rudder. Restez plutôt chez vous, et gardez votre argent pour des choses plus utiles. »

Pierre Blomme, Balthazar De Jaegher, autre employé de la gare, Jean Duclos, cordonnier à Jabbeke et la femme de Pierre hissèrent le malheureux estropié sur le train. Jean Duclos et sa mère accompagnèrent De Rudder jusqu'à Bruges. Assis devant le blessé, Duclos certifie avoir constaté durant le voyage que la jambe de De Rudder était cassée sous le genou et que du pus fétide souillait les linges du pansement.

De Rudder arriva à Gand : on le porta avec beaucoup de peine, d'abord sur le tramway, puis sur l'omnibus qui faisait le service de la porte d'Anvers à Oostacker.

A l'arrivée, le cocher de l'omnibus, grand et fort gaillard, le descendit seul de la voiture. Comme la jambe cassée se pliait de façon singulière, il y vit l'occasion d'une plaisanterie : « En voilà un qui perd sa jambe », dit-il aux spectateurs. La femme de De Rudder ajoute ce détail : « Ce cocher manifesta bruyamment son mécontentement, à la vue du pus mêlé de sang qui avait coulé de la jambe sur le plancher de la voiture. »

Voici le blessé dans l'allée qui conduit à la grotte. Il se traîne péniblement, appuyé sur ses béquilles et aidé par sa femme. Pendant le trajet, il doit se reposer à plusieurs reprises. Enfin il arrive, exténué, et tombe plutôt qu'il ne s'assied sur un des bancs rangés devant la petite chapelle. Sa femme lui donne à boire de l'eau de la fontaine.

Il prie... Un peu réconforté, il veut faire le tour de la grotte, comme les autres pèlerins. Au troisième tour, ses forces faiblissent tellement que sa femme et une autre personne doivent le soutenir et le traîner ainsi jusqu'aux bancs... Il prie, il implore le pardon de tous les péchés commis depuis son enfance, il demande sa guérison pour pouvoir nourrir sa famille... Un trouble soudain l'envahit ; et, comme hors de lui-même, Pierre se lève ; il ne songe pas à ses béquilles sans lesquelles, depuis huit ans, il n'avait plus fait un seul pas ; il part, traverse les rangs des pèlerins et va s'agenouiller devant la statue de la Vierge.

Puis, stupéfait de se voir à genoux : « O mon Dieu, s'écrie-t-il, où suis-je ? » Et il se relève seul, et sans répondre aux questions réitérées de sa femme, fait trois fois le tour de la grotte. Il était guéri !

Il se rendit aussitôt, accompagné de sa femme et suivi de nombreux pèlerins, au château de Mme la marquise de Courtebourne. C'est là qu'on fit le premier examen du membre restauré : *les deux plaies étaient cicatrisées ; les os rompus s'étaient subitement rejoints.*

Pierre retourne ensuite à la Grotte ; et avant son

départ, fidèle à la coutume des pèlerins, il fait encore trois fois, en priant, le tour de la petite chapelle.

A la gare de Jabbeke, Pierre Blomme, un des premiers, aperçoit De Rudder descendant du train. Vous pouvez vous imaginer son étonnement de le voir marcher sans béquilles. Se rappelant le conseil donné le matin : « Que vous avez bien fait, lui dit-il, de ne pas m'écouter ! »

Grande fut l'émotion qui s'empara de toute la population, à la nouvelle de cette guérison subite. De Rudder était connu de tous les villageois. La veille encore, fête transférée de l'Annonciation, ils l'avaient vu se traîner péniblement sur ses béquilles pour aller assister à la messe ; et aujourd'hui il marche comme tout le monde.

Le soir même, la nouvelle se répandit dans les villages voisins. Dès le lendemain matin, le Dʳ Affenaer était chez De Rudder. Il ne le trouva pas ; mais il le rencontra bientôt dans la demeure de M. Charles Rosseel, où De Rudder était entré en revenant de l'église. Il examina la jambe avec le plus grand soin. Puis il dit à De Rudder, devant plusieurs personnes : « Pierre, vous êtes entièrement guéri. Votre jambe a été fortement consolidée. Elle est comme celle d'un enfant, et non d'un homme dont la jambe a été brisée. Les moyens humains étaient impuissants à vous rendre la marche ; mais ce que ne peuvent faire les médecins, Marie le peut. En voyant un tel prodige, d'incrédule qu'on était, on se sent devenir croyant (1). »

(1) Voir le récit de Scheerlinck. — M. Hippolyte Luca,

A l'annonce de cet événement, le Dr Van Hoesten-berghe refusa d'abord d'y ajouter foi. Mais le 9 avril, surlendemain de la guérison, les nouvelles se précisant, il résolut d'aller voir.

Il trouva Pierre travaillant dans son jardin. Quand ils furent rentrés dans la maison, l'impotent de la veille se mit à gambader pour montrer combien sa guérison était complète. Le Dr Van Hoestenberghe examina la jambe : *pas de raccourcissement ; une cicatrice sous le genou ; une autre plus grande au dos du pied.* Pierre était donc radicalement guéri.

Après sa guérison, il vécut encore vingt-trois ans. Tous ceux qui l'ont connu n'ont qu'une voix pour faire l'éloge de sa parfaite honnêteté, de son ardeur au travail et de sa piété reconnaissante envers la Sainte Vierge. Que de fois il fit en actions de grâces le pèlerinage d'Oostacker ! Mme la Vicomtesse du Bus de Ghisignies, au service de qui Pierre a travaillé jusqu'à sa mort, nous a raconté qu'elle fut souvent obligée de le modérer, tant il était courageux à la besogne, malgré son âge avancé.

Pierre mourut d'une pneumonie, le 22 mars 1898, à l'âge de 75 ans, et fut inhumé au cimetière de Jabbeke le 25, jour de l'Annonciation.

actuellement domicilié à Jabbeke, habitait Oudenbourg, en 1875. Un jour ou deux après la guérison, dans un café d'Oudenbourg, le Dr Affenaer lui a dit publiquement que De Rudder était incurable, que sa jambe cassée depuis des années ne pouvait guérir, et qu'il avait été guéri subitement à Oostacker. (Enquêtes des docteurs Royer et Deschamps).

II. — Exposé des sources historiques

Vous attendez de moi ne fût-ce qu'un aperçu rapide des sources historiques du récit que je viens de vous faire ; ce désir est par trop légitime et je me hâte d'y répondre.

La guérison de Pierre De Rudder eut lieu *le 7 avril 1875*. Relevons en passant une coïncidence : le 7 avril — par erreur on indique souvent le 5 avril (1) — est l'anniversaire de la dernière apparition solennelle de Notre-Dame de Lourdes à Bernadette (en 1858).

I. Deux jours plus tard, *le 9 avril*, la *Semaine religieuse de la Flandre* (imprimée à Gand) publiait le premier récit, récit succinct, mais renfermant les traits essentiels de ce fait extraordinaire. Déjà nous y lisons les paroles par lesquelles des employés de la gare de Jabbeke voulurent détourner Pierre De Rudder de son dessein.

II. *Le 12 avril*, Mgr Faict, évêque de Bruges, interroge et examine De Rudder à la cure de Jabbeke.

III. Le lendemain *13 avril*, il écrit deux lettres (2) : l'une au Révérend curé de Jabbeke ; l'autre à M. le Dʳ Van Hoestenberghe, l'un de mes deux collaborateurs dans l'étude publiée en 1899 par la *Revue des Questions scientifiques*.

(1) Voir *Notre-Dame de Lourdes, Récits et Mystères* par le P. L. Jos.-Marie Cros, S. J. Toulouse, Édouard Privat ; — Paris, Retaux, 1901.

(2) La minute de ces lettres est conservée au Secrétariat de l'Évêché de Bruges.

1° « Plus nous procéderons prudemment, écrit Mgr au curé de Jabbeke, meilleurs seront les fruits de cet événement... »

« Pour moi, ajoute-t-il, tout en me faisant un devoir d'interroger les médecins qui ont traité De Rudder, j'incline fortement à regarder cette guérison comme surnaturelle. » Il termine en s'informant de différents détails concernant le traitement employé.

2° Dans sa lettre au Dr Van Hoestenberghe, Mgr le prie de bien vouloir lui faire connaître, avec toute l'exactitude que l'objet comporte, la nature de la lésion qu'il a constatée, ainsi que son opinion sur cette guérison.

IV. *Le 15 avril*, huit jours après la guérison, les notables de la commune de Jabbeke rédigent le document dont voici la traduction :

« Nous soussignés, paroissiens de Jabbeke, déclarons que l'os de la jambe de Pierre Jacques De Rudder, né et domicilié ici, âgé de 52 ans, avait été tellement brisé par la chute d'un arbre, le 16 février 1867, qu'après avoir épuisé les ressources de la chirurgie, Pierre fut abandonné et déclaré incurable par les hommes de l'art, et regardé comme tel par tous ceux qui le connaissaient ; qu'il a eu recours à N.-D. de Lourdes, vénérée à Oostacker, et qu'il est revenu chez lui complètement guéri et sans béquilles, de sorte qu'il peut, comme avant son accident, se livrer à tous les travaux.

« Nous déclarons que cette guérison subite et admirable a eu lieu le 7 avril 1875. »

Suivent les signatures, à côté desquelles nous avons ajouté quelques indications :

L. Slock (curé) ; Aug. Rommelaere (vicaire ; actuellement religieux rédemptoriste, en résidence à Anvers) ; D' Hoedt (bourgmestre) ; Aug. Stubbe (échevin) ; P. Maene (échevin) ; C. Sanders (président de la fabrique d'église) ; Ch. De Cloedt (conseiller communal et marguillier) ; J. Demonie (trésorier de la fabrique d'église) ; J. Callewaert (sacristain) ; P. De Lorge ; J. De Simpel (alors conseiller communal ; bourgmestre de Jabbeke, en janvier 1893, lors de l'enquête du D' Royer) ; L. Bouten-Peerloot ; vicomte Christian du Bus de Ghisignies (le vicomte avait encore vu De Rudder peu de jours avant la guérison et lui avait fourni l'argent nécessaire au pèlerinage ; Mme la vicomtesse, veuve du vicomte Christian, nous raconta la profonde émotion de son mari, lorsqu'il reçut, à Bruxelles, la nouvelle de cette guérison).

V. Le lendemain, vendredi, *16 avril*, l'abbé Émile Scheerlinck, alors vicaire d'Oostacker, vient faire une enquête à Jabbeke.

VI. *Le 27 avril*, les voisins de Pierre signent la déclaration suivante, qu'ils envoient à l'abbé Scheerlinck :

« Les soussignés déclarent avoir vu, le 6 avril 1875, la jambe cassée de Pierre De Rudder ; l'os de la jambe était rompu au point que les deux parties de l'os perçaient la peau, et étaient séparées sur une longueur de trois centimètres ; nous déclarons également que le susdit De Rudder, le 7 avril, est revenu de son pèlerinage à Notre-Dame de Lourdes, à Oostacker, parfaitement guéri, de manière que l'os de la jambe est ressoudé, que la plaie a disparu et que l'homme peut marcher, se tenir debout et travailler aussi bien qu'avant son accident. »

Signé : « Jules Van Hooren ; Éd. Van Hooren ; Marie Wittezaele, qui vit aussi la jambe le 5 avril. »

« Jabbeke, le 27 avril 1875. »

VII. *Le 17 mai 1875*, second jour de Pentecôte, rappelle ce pèlerinage mémorable qui réunit à Oostacker vingt mille Xavériens, venus de tous les points de la Flandre. Les étudiants libéraux et la populace attaquèrent les pèlerins à leur retour dans la ville de Gand. Un pèlerin fut tué. Ce jour-là, Mgr l'évêque de Bruges, se rendant à la grotte après la cérémonie religieuse, avait signalé Pierre De Rudder à l'attention de Mgr Bracq, évêque de Gand. Ce dernier félicita l'ouvrier, qui faisait déjà son sixième pèlerinage d'actions de grâces. « Pierre, dit Scheerlinck, raconta sa guérison avec la plus grande simplicité ; il avait sans cesse sur les lèvres le nom de Marie, et l'évêque, ému, lui dit en finissant : Mon ami, vous pouvez publier partout les bontés de Marie à votre égard. »

VIII. *En juillet 1875*, parut à Gand, avec une approbation très élogieuse de Mgr Bracq, le livre de l'abbé Scheerlinck, intitulé : *Het Vlaamsche Lourdes* (Lourdes en Flandre). Nous y lisons un récit très détaillé du fait. L'auteur rapporte les paroles prononcées par le Dr Affenaer quand, le 8 avril, il examina la jambe guérie.

Les importantes attestations des voisins de De Rudder et des notables de Jabbeke sont reproduites intégralement.

IX. *Le 21 septembre 1875*, Mgr Faict, évêque de Bruges, adresse à l'auteur de *Het Vlaamsche Lourdes* une lettre publiée en 1876 dans la traduction française de cet ouvrage. A cette époque, Mgr avait reçu le rap-

port du Dʳ Van Hoestenberghe ainsi que les renseignements demandés au curé de Jabbeke. Or, nous relevons dans sa lettre la phrase suivante : « J'ai remarqué
en particulier l'exactitude que vous mettez dans le récit
des guérisons merveilleuses obtenues à la grotte d'Oostacker par quatre de mes diocésains. » Pierre De Rudder était l'un de ces quatre privilégiés.

X. *Le 23 septembre 1876*, M. Le Couvreur, chanoine
honoraire et curé de Saint-Laurent à Bayeux (dans le
Calvados) vient à Jabbeke ; à son retour, il publie dans
le journal *L'Ordre et la Liberté* de Caen, à la date du
13 octobre, le défi suivant :

« J'affirme la guérison instantanée, complète, par
l'intercession de Notre-Dame de Lourdes, au pèlerinage
d'Oostacker près de Gand (Belgique), le 7 avril 1875,
de Pierre De Rudder, ouvrier de Jabbeke... Je verse-
rai une somme de 500 francs pour frais de voyage et
indemnité de déplacement au premier qui, s'étant
transporté sur les lieux, rapportera, avec bonne preuve
à l'appui, un démenti au fait que j'allègue ! »

Personne ne releva le défi.

XI. *Le 9 mai 1879*, Pierre De Rudder est à Lourdes,
avec le pèlerinage belge. A cette occasion, sa guérison
est consignée dans les Archives du sanctuaire, et,
grâce à cela, prend une place d'honneur dans l'*Histoire
médicale de Lourdes* que publie, *en 1891*, le Dʳ Boissarie.

XII. *En 1892*, Zola se rend à Lourdes : il veut y
recueillir des documents pour le roman qu'il prépare.
Dans ce roman, il donne en quelques lignes un récit
parfaitement exact de la guérison de P. De Rudder (1) :

(1) « M. Sabathier se tourna vers M. de Guersaint.

— Sans doute, le cas de cet enfant est intéressant. Mais ce

mais il a soin de l'entourer d'un cadre agencé de telle
sorte que, naturellement, des doutes surgissent sur
l'exactitude du fait raconté. Or, à l'occasion de ce
voyage de Zola à Lourdes, la *New Review*, de Londres,
demande à Charcot son opinion sur la *faith-healing*,
(*la foi qui guérit*), selon l'expression consacrée en An-
gleterre. La réponse de Charcot fut reproduite plus
tard dans une brochure française dont nous reparle-
rons. Je vous la signale ici, parce qu'elle fut l'occasion d'une nouvelle enquête sur le cas de Pierre De
Rudder.

En effet, *le 19 décembre 1892*, le Dr Boissarie écrivait
au Dr Royer, de Lens-Saint-Remy (Belgique) : « Vous
m'obligeriez beaucoup d'étudier le fait de De Rudder...
Je donne cet exemple en réponse à Charcot. Il faut
qu'il n'y ait pas de doute possible. »

n'est rien, monsieur, il y a bien plus fort que cela... Con-
naissez-vous l'histoire de Pierre De Rudder, un ouvrier
belge ?

Tout le monde se remit à écouter.

— Cet homme avait eu la jambe cassée par la chute d'un
arbre. Après huit ans, les deux fragments de l'os ne s'étaient
pas soudés, on voyait les deux bouts, au fond d'une plaie en
continuelle suppuration ; et la jambe, molle, pendait, allait
dans tous les sens... Eh bien ! il lui a suffi de boire un verre
de l'eau miraculeuse, sa jambe a été refaite d'un coup ; et il a
pu marcher sans béquilles, et le médecin le lui a bien dit :
« Votre jambe est comme celle d'un enfant qui vient de
naître. » Parfaitement, une jambe toute neuve.

Personne ne parla, il n'y eut qu'un échange de regards ex-
tasiés. »

(*Lourdes*, par Zola. 70ᵉ mille.• Bibliothèque Charpen-
tier, 1894. Première journée. IV, p. 73.)

XIII. *Les 18 et 19 janvier 1893*, le Dr Royer va à Jabbeke et y procède à l'enquête demandée.

Ses résultats furent publiés dans les *Annales de Lourdes*, livraisons de mai, juin, juillet, août 1893. Il s'attache surtout à vérifier les assertions et les certificats contenus dans le récit de Scheerlinck. Il y ajoute des interrogatoires détaillés de Pierre De Rudder, du Dr Van Hoestenberghe, de Jean Houtsaeger, de Pierre Blomme, et d'autres encore. Enfin le Dr Royer examine minutieusement les jambes de De Rudder; à l'endroit de la fracture, il constate une dépression de la crête du tibia, et fournit ainsi le signalement de l'os guéri.

XIV. Le même signalement se retrouve dans une lettre adressée au Dr Royer par les docteurs Clément de Pirquet, autrichien, et William Van Isendijck, de Bruxelles. Cette lettre rend compte d'une enquête que les deux médecins firent ensemble à Jabbeke, le 23 juillet 1894.

Voici ce que nous y lisons : « Quand on suit la crête du tibia, en remontant... on sent, au niveau où a existé la fracture, une dépression ronde de la grandeur d'une pièce de cinquante centimes... dépression qui atteint une profondeur d'un centimètre. »

XV. Le Révérend M. Callewaert, directeur du grand séminaire de Bruges, eut l'heureuse idée, moins de un an avant la mort de Pierre De Rudder, de faire radiographier la portion supérieure des deux jambes, et fournit par là une nouvelle preuve de l'authenticité des os qui sont aujourd'hui en ma possession.

Les clichés portent, avec le nom de De Rudder et la date de la radiographie : *16 juin 1897*, la signature de leur auteur, M. Seligmann, professeur à l'Athénée royal de Bruges.

Je ne connaissais pas cette pièce lors de la publication de notre travail dans la *Revue des Questions scientifiques*, en 1899, mais le R. P. Joseph Van Hoestenberghe, fils du médecin de Stalhille, put la mentionner dans une brochure flamande parue quelques mois plus tard (1).

XVI. *En 1899*, désireux d'introduire cette guérison dans le domaine scientifique, je me mis en relation avec les docteurs Van Hœstenberghe et Royer. Je me rendis à Jabbeke en mai et en août. Le R. P. J. Van Hoestenberghe m'accompagna et m'aida dans cette enquête. Notre but était d'interroger à nouveau les témoins encore en vie, de faire légaliser certaines déclarations, et surtout d'obtenir de la veuve de Pierre De Rudder l'autorisation d'amputer sur le cadavre les jambes de son époux, décédé depuis un an. L'autorisation fut accordée, et, le 24 mai 1899, le Dr Van Hoestenberghe pratiqua, devant témoins, l'amputation des deux jambes. Il m'apporta les os à Louvain le 30 mai 1899. Plusieurs reproductions en plâtre et en cuivre ont été faites. On peut en voir une au bureau des Constatations à Lourdes ; un autre spécimen se trouve à la résidence des Pères Jésuites, à Oostacker.

XVII. Dans le fascicule d'octobre 1899 de la *Revue des Questions scientifiques*, de Bruxelles, le Dr Van Hoestenberghe, le Dr Royer et moi nous avons publié en collaboration le *Récit et l'Étude scientifique* de cette guérison subite de fracture.

(1) PETRUS DE RUDDER. — *Schielijke genezing eener Beenbreuk te Oostakker (bij Gent) door* J. Van Hoestenberghe, S. J.

*
* *

Après le récit qui précède, après l'exposé, tout sommaire qu'il soit, de ses sources historiques, je ne puis mieux terminer ce premier chapitre, me semble-t-il, que par la conclusion de notre article de la *Revue des Questions scientifiques*.

« Dira-t-on, écrivions-nous, que pour enlever au doute tout prétexte de se produire, un médecin aurait dû constater la lésion le jour même de la guérison ?

Mais un médecin, l'un de nous, a constaté, moins de quatre mois avant la guérison, la persistance de cette fracture compliquée, vieille de huit ans, avec suppuration continue, avec mobilité incessante, avec écartement notable des fragments nécrosés : trois causes — et une seule eût suffi — qui s'opposaient à la consolidation.

Quinze jours plus tard, un autre médecin, le Dr Verriest, de Bruges, en face de la même situation, renonce à continuer ses soins et conseille l'amputation. Aucune intervention chirurgicale, aucun traitement antiseptique n'a été tenté depuis ces dernières visites des Drs Van Hoestenberghe et Verriest jusqu'au moment de la guérison.

Loin de garder le membre immobile, Pierre De Rudder sortait, traînant une jambe ballante au moindre mouvement. La veille du pèlerinage on l'avait encore vu à la messe, au fond de l'église, à sa place habituelle.

Brugge. Boekdrukkerij, Em. Van Hoestenberghe-Houtteman, 1900.

Ce n'est pas tout.

Des témoins d'une bonne foi incontestable nous montrent le blessé toujours dans le même état, la veille, le jour même, quelques instants à peine avant la guérison. Ce ne sont pas des médecins, il est vrai. Mais pour constater qu'une jambe oscille comme un pendule et se tord comme un linge mouillé, que des plaies suent un pus fétide, qu'on pourrait introduire deux doigts entre les bouts des fragments osseux, faut-il être médecin ? Évidemment non.

On reste donc acculé à ce dilemme : ou nier le fait, ou renoncer à l'expliquer par les forces de la nature (1).

Nier *à priori* est un procédé peu scientifique. La science veut qu'à des faits on oppose des faits ; qu'à trois enquêtes successives, menées rigoureusement et avec la plus entière loyauté, on réponde au moins par une contre-enquête.

Il en est qui nieront quand même, avec un scepticisme irréductible.

Daigneront-ils seulement réfléchir sur l'idée qu'ils donneront de leurs lumières à ceux qui ont vu les faits de leurs yeux, qui les ont touchés de leurs mains ?

III. — Appréciations de médecins

Il ne sera pas inutile de joindre au témoignage historique des faits, l'appréciation de quelques som-

(1) Nous démontrerons cette seconde proposition dans le chapitre suivant.

mités médicales, à la suite de notre Étude de la *Revue des Questions scientifiques.*

1° Le 22 novembre 1899, un savant bien connu, le Dr Lefebvre, de l'Université de Louvain, membre de l'Académie de médecine de Belgique, dans une lettre où il nous remerciait d'un hommage d'auteur, ajoutait : « J'avais déjà lu votre travail avec toute l'attention que mérite une étude si complète et si sévèrement scientifique. »

2° A la même époque, le Dr Masoin, professeur de physiologie à l'Université de Louvain et Secrétaire de l'Académie de médecine, m'amena quelques-uns de ses élèves, pour examiner avec eux les os de Pierre De Rudder. Il revint le jour même m'entretenir longue- ment de cette guérison miraculeuse si remarquable, « et qui doit, disait-il, prendre place dans l'histoire ».

3° La *Revue bibliographique belge* en publia un compte-rendu très élogieux, fait par le Dr Moeller, de l'Académie de médecine.

4° Le 23 novembre de la même année, dans le *Journal des Sciences médicales,* de Lille (Bibliographie, p. 524-526), le Dr Lavrand, professeur à la Faculté libre de médecine, fit une analyse complète « de cette étude très documentée — je cite ses propres termes — relatant des faits proches de nous, avec autopsie, partant, tout spécialement intéressante au point de vue de l'histoire médicale de Lourdes et de la constatation des faits miraculeux ».

5° Une Revue médicale espagnole, de Barcelone (1),

(1) *El Criterio catolico en la ciencias medicas,* revista mensual de medicina, Cirugia y farmacia. Barcelona, Enero de 1900, pp. 1-41.

a reproduit en entier la traduction du travail ; une traduction italienne a été publiée à Turin par un chirurgien, le Dr Carlo Costa, avec une préface du Dr Vandoni, directeur de l'hôpital Amédée de Savoie (1).

6° Enfin, le 15 novembre 1900, à la séance de rentrée de l'Université catholique de Lille (2), M. le Dr H. Duret, ex-chirurgien des hôpitaux de Paris, professeur de clinique chirurgicale, doyen de la Faculté de médecine, et membre correspondant de l'Académie de médecine de Paris, prononça un discours sur la question du miracle. « Pour donner une idée de la valeur des documents recueillis, y lisons-nous à propos de l'ouvrage récent de Boissarie : *Les grandes guérisons de Lourdes*, il me suffira de citer l'histoire, bien connue, de P. De Rudder. A sa mort, arrivée vingt-trois ans après sa guérison, l'autopsie du membre vint fournir une dernière et péremptoire démonstration. » Et plus loin, l'illustre professeur, toujours au sujet du même fait, parle « d'enquêtes très minutieuses, appuyées de témoignages très précis, où les faits sont suivis, pour ainsi dire, jour par jour ».

Trois semaines avant ce discours, le dimanche 21 octobre, M. le Dr Duret avait présidé à Paris la réunion générale annuelle de la société Saint-Luc, Saint-Côme et Saint-Damien, association de médecins catholiques français. M. le Dr Le Bec, vice-président, y parla

---

(1) *Guarigione istantanea di una frattura.* — Traduzione del dottor Carlo Costa, chirurgo interno Cottolengo. — Torino Unione tipographico-editrice, 1900.

(2) *Journal des Sciences médicales* de Lille : séance de rentrée de l'Université catholique de Lille : n° du 17 novembre 1900, pp. 466 et suivantes.

longuement de la guérison de Pierre De Rudder, et soumit à l'examen de ses nombreux confrères (plus d'une centaine de médecins étaient présents) un moulage des os de la jambe guérie. Cette communication était un résumé de notre travail publié, un an auparavant, dans la *Revue des Questions scientifiques*. — Voir le *Journal des Sciences médicales*, de Lille, 3 novembre 1900, p. 424 et suivantes.

CHAPITRE II

OBJECTIONS

On a défini le miracle « une manifestation extraordinaire de Dieu par une œuvre sensible que nul agent créé ne peut produire (1) » ; ou encore, sous une formule trop concise peut-être, mais suffisamment claire après la définition précédente : « un fait extraordinaire et divin (2) ».

En sa qualité de fait, le miracle tombe sous le contrôle de la critique historique ; en sa qualité de fait extraordinaire, c'est-à-dire qui ne trouve sa place ni dans l'ordre particulier d'une créature isolée, ni dans l'ordre universel du monde, le miracle relève indirectement des sciences naturelles ; car la mission de ces

(1) De Bonniot S. J. — *Le miracle et ses contrefaçons*, 3e édition, p. 23. Retaux, Paris, 1888.

(2) Abbé Gondal S. S. — *Le miracle*, 2e édition, p. 14. A. Roger et F. Chernoviz, Paris 1894.

sciences est précisément de constater l'ordre de la création, et de découvrir les lois qui y président. A elles par conséquent aussi de décider que tel fait déterminé n'est pas explicable par les forces de la nature laissées à elles-mêmes.

La guérison de Pierre De Rudder est-elle un vrai miracle ? Après l'étude longue et consciencieuse que nous venons d'en faire, nous nous croyons en droit de répondre par l'affirmative ; et cette réponse, nous semble-t-il, est celle du bon sens. Cependant, afin de ne laisser aucune prise au doute, je vais examiner minutieusement les objections que soulève cette conclusion.

Elles se partagent en deux catégories : les unes s'attaquent au fait lui-même, les autres à son caractère miraculeux. Commençons par ces dernières.

I. — Le caractère miraculeux de cette guérison n'est pas scientifiquement démontré

1° *Suggestion.* — *Foi qui guérit.*

J'apprends un jour qu'un médecin réputé, et à juste titre du reste, n'admet pas le caractère miraculeux de la guérison de Pierre De Rudder. Désireux de connaître ses motifs, je le fais interroger par un autre médecin, discrètement, comme par hasard. Et savez-vous quelle a été la réponse ? « Il y avait *deux ans* que le dernier docteur avait vu De Rudder pour la dernière fois. Immédiatement avant le pèlerinage, on ne constatait *ni plaie ni fracture*, mais simplement une mauvaise position du pied, position défectueuse qui pouvait très bien être due à une contracture hystérique. »

Deux ans au lieu de quatre mois ! ni plaie ni fracture !
Peut-on imaginer une ignorance plus grossière ?...
Vous avez là un exemple saisissant de la déformation
inconsciente d'un fait sous la pression arbitraire d'idées
à priori : ce médecin a été hypnotisé par l'objection
favorite de la science moderne contre le miracle.

Laissons le Dr Bernheim nous exposer quelle
est cette objection : « Il était réservé à la pé-
riode contemporaine, écrit le savant professeur de
Nancy, de faire la lumière complète, de définir et de
concevoir nettement la doctrine scientifique de la
suggestion, à la faveur de laquelle s'évanouissent à
jamais les chimères et les superstitions qui ont
aveuglé jusqu'à nos jours la pauvre humanité (1)...
Elles sont vraies les guérisons obtenues par les reli-
ques des Saints..., par les hommes pieux... qui avaient
reçu de Dieu la puissance de guérir, tels que... le
curé d'Ars le prince de Hohenlohe, les membres de la
Rose-Croix ; par l'intervention de la divinité à Lourdes
et ailleurs. Les guérisons dites miraculeuses ne sont
pas toujours des inventions ; ce sont des guérisons par
suggestion que l'ignorance des uns a transformées en
miracles, le scepticisme des autres en impostures
(p. 51)... C'est l'imagination humaine qui fait les
miracles. »

« La très grande majorité des miracles connus,
disait récemment un disciple de Charcot, le Dr Maurice
de Fleury, à l'écrivain Jules Bois qui l'a publié dans

_____

(1) *Hypnotisme, Suggestion, Psychothérapie*, par le
Dr BERNHEIM, professeur à la Faculté de médecine de Nancy,
p. 23. O. Doin, Paris, 1891.

le *Matin* de Paris, à la date du 8 septembre 1901, la très grande majorité des miracles connus sont de tous points comparables aux cas de guérison subite que nous observâmes à la Salpêtrière. »

D'habitude on se contente d'affirmations catégoriques de ce genre, sans y joindre l'ombre d'une preuve ; ou bien, comme le D⟨r⟩ Bernheim dans le livre cité, on rapporte deux ou trois cas de guérison par suggestion religieuse, et l'on s'empresse de conclure à l'aide du célèbre sophisme : *ab uno disce omnes* (1).

(1) Les variations sur ce thème sont innombrables dans le chœur positiviste.

Récemment paraissait un livre intitulé *Le conflit*. Sous la forme d'entretiens philosophiques, l'auteur, Félix Le Dantec, soi-disant au nom de la science, y déclame avec un cynisme révoltant contre la Religion chrétienne et contre Dieu Lui-même.

Voici un spécimen de son persiflage impie : « Le seul miracle auquel j'aie ajouté foi, fait-il dire au D⟨r⟩ Tacaud, personnage qui incarne ses idées matérialistes, m'a été raconté par un mécréant comme moi, qui partit pour Lourdes il y a quelque dix ans, par le train de pèlerinage. Ce train supplémentaire était garé dans les stations toutes les fois qu'un rapide devait passer. Je ne sais où, les pèlerins affamés descendirent pour aller au buffet, mais descendirent à contre-voie. Deux d'entre eux portaient un paralytique sur un brancard. Les employés de la gare, craignant un accident terrible, crièrent brusquement : « Attention, voilà le rapide ! » Un train arrivait à toute vapeur ; les deux porteurs, pris de panique, posèrent leur paralytique sur les rails et sautèrent sur le trottoir. Voici maintenant le miracle : le paralytique, voyant le train qui approchait, se leva de sa dangereuse couchette et courut au buffet pendant que la locomotive

Pourtant, s'il faut en croire le Dr Bourneville, Charcot aurait fait œuvre autrement sérieuse dans sa brochure intitulée *La Foi qui guérit*.

A l'occasion du voyage de Zola à Lourdes, la *New Review* de Londres demanda à Charcot son opinion sur la *faith-healing* ou la *foi qui guérit* (1). Sa réponse fut reproduite plus tard dans la brochure que je viens de citer. Le Dr Bourneville se chargea de la présenter aux lecteurs français.

« Dans *La Foi qui guérit*, nous apprend la préface du Dr Bourneville, Charcot a fait en quelque sorte la synthèse de son enseignement au sujet des cas réputés miraculeux appartenant au domaine de l'hystérie. Son exposé rigoureux, basé sur une étude approfondie de

broyait le brancard qu'il venait de quitter. Et cela prouve que, lorsqu'on a la foi, il n'est pas besoin d'aller jusqu'à Lourdes pour être guéri ; il suffit de se mettre en route avec l'intention d'aller jusqu'au bout. C'est ce que pensa mon ami ; il revint sans aller jusqu'au bout du voyage, parce qu'il avait vu un miracle, et aussi parce que le train des pèlerinages manquait de confort. » (*Le conflit*, Entretiens philosophiques, par Félix LE DANTEC. Armand Colin, Paris, 1901, pp 208 et 209.)

Après un tel genre d'argumentation, c'est bien à Félix Le Dantec à affirmer que les cures prétendues miraculeuses n'ont rien de plus étonnant que celles de la Salpêtrière ou de l'hospice Sainte-Anne, et à se défier du livre de Boissarie sur *Les grandes guérisons de Lourdes*, « parce qu'il est l'œuvre d'un croyant, d'un esprit prévenu et qui a pu se persuader plus facilement qu'il ne l'aurait fait lui-même ! » (*op. cit.*, p 208).

(1) CHARCOT. — *La Foi qui guérit*. (Bibliothèque diabolique), Félix Alcan, Paris, 1897.

faits irréfutables, est de nature à convaincre les plus difficiles. » Y trouverons-nous l'explication de la guérison de P. De Rudder ? Je me permets d'en douter.

Les faits dits miraculeux ont, d'après Charcot, un double caractère :

1° « Ils sont engendrés par une disposition spéciale de l'esprit du malade : une confiance, une crédibilité, une suggestibilité, comme on dit aujourd'hui, constitutives de la *faith-healing*. »

Pierre De Rudder ne présentait pas la moindre trace de nervosisme ; mais, nous en convenons, une grande confiance en la Vierge Immaculée l'animait lorsqu'il entreprit péniblement le voyage d'Oostacker. Admettons donc, si vous voulez, que le premier caractère, la confiance, trouve ici son application.

2° « D'autre part, continue Charcot, le domaine de la *faith-healing* est limité : pour produire ses effets, elle doit s'adresser à des cas dont la guérison n'exige aucune autre intervention que cette puissance que possède l'esprit sur le corps... Ces limites, aucune intervention n'est susceptible de les lui faire franchir, *car nous ne pouvons rien contre les lois naturelles.* »

Pour définir plus nettement les bornes de la *foi qui guérit*, rappelons qu'au point de vue du pronostic, les affections morbides de l'organisme humain se partagent en deux grandes classes. Dans la première se rangent *les troubles fonctionnels sans lésion anatomique appréciable des tissus :* ce sont les névroses, et en particulier l'hystérie sous toutes ses formes. Une violente secousse morale, la conviction profonde que l'on va guérir peuvent supprimer en un instant et radicalement tous les symptômes de ces affections purement nerveuses : douleurs, paralysies, contractures, etc...

La seconde classe, de loin la plus nombreuse, renferme les maladies internes ou externes *avec altérations anatomiques manifestes*. Citons la tuberculose pulmonaire avancée ; les tumeurs malignes auxquelles on donne le nom générique de cancers. Signalons aussi les ulcères, les caries, les fractures. La guérison de ces affections à lésion tissulaire incontestable, quand elle est possible, demande naturellement un temps souvent très long ; elle exige une autre intervention que la puissance de l'esprit sur le corps, car elle est soumise à des lois naturelles contre lesquelles nous ne pouvons rien (1).

De la distinction qui précède, il résulte que le second caractère de la *faith-healing* ne s'applique plus à la consolidation subite de la jambe cassée de Pierre De Rudder. Et Charcot eût été lui-même le premier à le reconnaître. Voici en effet ce qu'il écrit au sujet de la guérison d'un ulcère : « L'œdème (qui, par la gangrène, avait amené l'ulcération) n'existant plus, les conditions locales de la nutrition des tissus sont heureusement modifiées ; la plaie va pouvoir se cicatriser, *en vertu de lois physiologiques aussi bien connues que celles qui précédemment avaient présidé à l'apparition de la gangrène. Mais la cicatrisation complète demande un temps normal, suffisant pour s'effectuer*, et ce n'est, en effet, que *quinze jours* plus tard, que la peau de l'organe est devenue lisse, indemne de toute ulcération en voie de cicatrisation (2). »

(1) Nous le prouverons plus loin en étudiant le mécanisme de la guérison des fractures.

(2) *Op. cit.*, p. 34.

Peut-on affirmer plus clairement la nécessité absolue d'un temps déterminé très appréciable pour la restauration de tissus lésés?

Donc, pour Charcot comme pour nous, la guérison subite de *toute lésion tissulaire importante* est impossible naturellement ; dès lors sa thèse, qui prétend circonscrire le champ miraculeux aux limites de la *faith-healing*, force purement naturelle, n'atteint en aucune façon les cicatrisations instantanées de tissus.

Or, les maladies internes ou externes à fondement anatomique manifeste, constituent le seul domaine où l'on puisse chercher la démonstration scientifique d'un miracle, le seul où, de fait, on la cherche aujourd'hui, comme Charcot va l'avouer lui-même.

Mais alors, de quel droit confondre la *faith-healing* et le *miracle* et faire de celui-ci l'aboutissant obligé de celle-là ? « En pareille matière, proclame-t-il dès le début, il ne faut jamais se départir de la rigueur inhérente à la discussion scientifique... Ce n'est pas par des affirmations sans preuve ou par des négations sans fondement qu'on peut espérer résoudre cette question. » On ne pourrait mieux dire. Mais comment, après cela, Charcot peut-il, trois pages plus loin, donner comme caractéristique du miracle, d'être un produit direct de l'influence naturelle de l'esprit sur le corps ? Comment oser passer sous silence les guérisons de cancers, de tuberculoses, de caries, de fractures ? Il n'a donc jamais ouvert un seul fascicule des ANNALES DE LOURDES, lui qui va émettre son opinion sur les phénomènes merveilleux qui se multiplient dans ce sanctuaire ?

L'objection est par trop évidente ; aussi Charcot essaie-t-il de la prévenir. « Je sais bien, écrit-il, qu'aujourd'hui les médecins préposés à la constatation des miracles, et dont la bonne foi n'est pas en cause, semblent portés à reconnaître que la guérison subite des paralysies ou des convulsions n'a rien qui sorte du domaine des lois naturelles. Ils s'appliquent à montrer que des tumeurs, des ulcères parmi les plus rebelles sont, par contre, monnaie courante dans le domaine de la thérapeutique miraculeuse. »

Et ailleurs, il se pose à lui-même l'objection d'une façon plus nette encore : « A ceux qui me reprocheraient, dit-il, de toujours parler d'hystérie, et avant de m'expliquer plus complètement à ce sujet, je répondrai par ce mot de Molière : Je dis la même chose, parce que c'est toujours la même chose.

» Mais, me répondra-t-on, les médecins qui aujourd'hui sont chargés de constater les miracles opérés dans les sanctuaires, prétendent que la guérison des convulsions, des contractures et des paralysies d'origine hystérique, est d'un ordre trop naturel pour justifier une intervention miraculeuse. Ils connaissent, eux aussi, l'influence de l'esprit sur le corps, et la disparition spontanée des paralysies hystériques ne vaut pas qu'on fasse appel à une force surnaturelle. C'est à des tumeurs, à des plaies, que s'adresse maintenant l'eau de la piscine ; elle guérit soudainement les ulcères les plus rebelles. » On ne peut pas, semble-t-il, exposer l'objection plus nettement et avec plus d'ampleur. Défions-nous pourtant. Ce n'est pas sans intention que Charcot, par deux fois, donne comme exemples les *tumeurs* et les *ulcères*. Mais voyons sa réponse.

Il veut, à tout prix, amener le lecteur à conclure que *tous* les miracles sont des effets naturels de la *faith-healing*. Or, pour les caries, les nécroses, les fractures, la chose n'est pas possible. Que fait-il ? Il les laisse dans l'ombre ; lui, pour qui « les faits bien et sincèrement étudiés, groupés en faisceau pour conclure, sont les seuls arguments que l'on puisse admettre », il a soin d'écarter en bloc tous les faits qui le gênent.

Mais, dira-t-on, les tumeurs et les ulcères sont des lésions de tissus : Charcot, en les citant par deux fois, prouve qu'il ne craint pas la discussion sur ce point. — Eh bien ! examinons ce qu'il dit de ces tumeurs et de ces ulcères.

Tumeurs. — Il est reconnu que *certaines tumeurs* peuvent avoir une origine purement nerveuse. Pour démontrer que la *faith-healing* peut guérir *toutes* les tumeurs, Charcot choisit précisément comme exemple *une de ces tumeurs d'origine nerveuse.*

Il emprunte le fait au livre de Carré de Montgeron : *La vérité des miracles opérés par M. de Pâris et autres appelants* (1). Il s'agit d'un miracle janséniste, publié en 1747 par un auteur janséniste. Le voici en deux mots :

Au mois de septembre 1716, la demoiselle Coirin, *manifestement hystérique,* fit coup sur coup deux chutes de cheval. La seconde fois, elle tombe « sur le côté gauche de l'estomac qui porte à plomb sur un tas de pierres, ce qui lui cause une douleur si vive qu'elle en reste évanouie ». Trois mois plus tard, on s'aperçut

(1) Tome I ; Cologne, 1747. Septième démonstration.

qu'elle avait le sein gauche extrêmement dur, renflé et tout violet. C'était, affirme Charcot, un de ces cas d'*œdème hystérique*, mentionné pour la première fois par l'illustre Sydenham. La genèse de cette affection est, d'ailleurs, assez facile à poursuivre aujourd'hui. Dans la région atteinte, la douleur de la chute a entraîné la paralysie *purement fonctionnelle* des nerfs vaso-constricteurs, et, comme conséquence, une dilatation exagérée et permanente des vaisseaux due à la paralysie de leur tunique musculaire. De là, des troubles circulatoires amenant un œdème, c'est-à-dire une hydropisie localisée. Que l'on parvienne à susciter dans l'esprit de cette malade, éminemment impressionnable, la ferme conviction qu'elle va guérir, et la paralysie des vaisseaux pourra disparaître comme par enchantement. Du même coup, la circulation redeviendra normale, le liquide sanguin épanché rentrera dans le torrent circulatoire et la tumeur pourra se fondre en quelques heures.

Tel fut, d'après Charcot, le cas de la demoiselle Coirin. Il lui suffit de mettre un vêtement qui a touché le tombeau du diacre Pàris, pour que la paralysie des vaso-moteurs s'évanouisse, bientôt suivie de la disparition de l'œdème.

Nous supposons le fait prouvé, et nous n'avons rien à redire à l'explication qu'en donne Charcot. *Mais, en bonne logique, que peut-on en conclure ? Que la faith-healing a le pouvoir de guérir certaines tumeurs d'origine purement nerveuse*, et que, en dernière analyse, le fait si savamment étudié rentre dans le cadre des guérisons de *paralysies hystériques*. Charcot va-t-il, enfin, sortir de ce domaine ? Nullement ; il se borne à rappeler que, dans un mémoire fort intéressant du Dr Fowler, on trouve l'exposé de huit autres cas de *tumeurs nerveuses*. Pas un mot des guérisons de tumeurs malignes obtenues dans nos sanctuaires ; il n'en discute, n'en cite même aucune ; mais il se hâte de conclure : « Ce cas (celui de la demoiselle Coirin) et *aussi tous les autres* montrent bien que la guérison, dite ou non surnaturelle, survenue sous l'influence de la *faith-healing*, obéit à des lois naturelles. »

Ne l'oublions pas, pour Charcot *faith-healing* et *miracle* sont choses absolument corrélatives ; son raisonnement revient donc, en définitive, à celui-ci :

Il y a *dans les sanctuaires chrétiens* des guérisons manifestes de tumeurs ; je ne veux ni ne puis le nier.

Or, *certaines guérisons de tumeurs, en dehors des sanctuaires chrétiens*, sont dues à l'action naturelle de la *faith-healing ;* témoin le cas de la demoiselle Coirin.

Donc, *toutes les guérisons de tumeurs, dans les sanctuaires chrétiens*, sont dues à l'action naturelle de la *faith-healing.*

Le sophisme est par trop grossier.

Ulcères. — Après les tumeurs, Charcot entreprend *les ulcères*, et y trouve l'occasion de répéter son paralogisme. *Mais ici, une difficulté évidente lui barre le chemin.* Peu importe qu'un ulcère ait ou n'ait pas une origine nerveuse : contrairement au cas de tumeurs nerveuses, ici il y a lésion de tissus, et la perte de substance demandera toujours, pour se combler, un temps plus ou moins long, d'après l'étendue de la lésion. D'autre part, Charcot est, « sur la question de fait, entièrement de l'avis des médecins des sanctuaires », quand ils établissent qu'il s'y produit des guérisons soudaines d'ulcères les plus rebelles. Mais il affirme que « *dans tous les cas*, la soudaineté de la guérison est beaucoup plus apparente que réelle ». *Tous les cas* se fondent bientôt en un seul, sous la plume de Charcot, et, pour les plaies comme pour les tumeurs, la demoiselle Coirin fait tous les frais de la preuve.

La tumeur qu'elle portait s'était ulcérée. Sous l'influence psychique de la *faith-healing*, l'œdème, trouble vaso-moteur, a disparu presque immédiatement et, avec lui, la tumeur dont il était cause. Une fois la nutrition normale rétablie, l'ulcère rebelle commence à se cicatriser en vertu de lois physiologiques bien connues. Mais la cicatrisation complète demande un temps suffisant pour s'effectuer ; de fait, elle n'est terminée qu'après *une quinzaine de jours*.

La conclusion que poursuit Charcot se pressent : donc, *dans tous les cas de guérisons anormales* de plaies ou d'ulcères, la soudaineté est beaucoup plus apparente que réelle. Va-t-il la formuler en toutes lettres ? Nullement. Ce serait heurter trop violemment la logique et le bon sens ; il se contente de l'insinuer : « Quand on entendra désormais parler d'une guérison soudaine, dans un sanctuaire, de cancer ulcéré du sein, écrit-il, qu'on se souvienne du cas de la demoiselle Coirin. » C'est tout ; on l'avouera, c'est trop peu.

Charcot avait la prétention de prouver que les guérisons miraculeuses sont des effets naturels du pouvoir de l'esprit sur le corps : il s'est, en réalité, même pour les tumeurs, confiné de parti pris sur le terrain des affections à troubles purement fonctionnels. Cela s'appelle enfoncer une porte ouverte. Ses arguments ne vont pas au delà. Si, du côté des ulcères, il essaie une agression, il l'appuie sur une fin de non-recevoir et la résume dans un sophisme : l'ulcère de la demoiselle Coirin mit quinze jours à se cicatriser ; ainsi l'exigent les lois naturelles contre lesquelles nous ne pouvons rien. *Donc toutes les guérisons subites d'ulcères, de plaies ou autres lésions de tissus, ne sont subites qu'en apparence.* Il le faut ainsi, périssent les faits !

On se demande, en fermant la brochure, où est *cet exposé rigoureux, basé sur une étude approfondie de faits irréfutables, et de nature à convaincre les plus difficiles.* — « Tout commentaire nous paraît inutile », ajouterons-nous en continuant la citation précédente, empruntée à la préface du Dr Bourneville, où il présente la *Foi qui guérit* comme la synthèse de l'enseignement de son illustre maître, relatif aux cas réputés miraculeux.

2° *Forces naturelles inconnues.*

Ou nier le fait, ou renoncer à l'expliquer par les forces de la nature : la suggestion et sa forme religieuse, la *Foi qui guérit*, n'entament en aucune façon ce dilemme, nous l'avons surabondamment démontré. Qu'il s'agisse de la consolidation d'une fracture ou de la guérison d'un ulcère, les phénomènes de cicatrisation exigent de toute nécessité un temps très appréciable, et, répéterons-nous avec Charcot, nous ne pouvons rien contre les lois naturelles.

Il en est cependant qui, sans nier le fait, ne rendront pas les armes.

« Pourquoi, diront-ils, un ulcère, pourquoi une

fracture de jambe ne se guériraient-ils pas en quelques secondes ? La nature a des ressources dont nous n'avons pas fait le compte. Qui sait ? Elle garde peut-être en réserve des *forces inconnues* qui se manifestent brusquement dans vos prétendus miracles, et dont la science s'emparera un jour comme elle a conquis après bien des siècles l'électricité, les rayons X, etc..., etc... ? »

Les savants ne s'engagent guère dans cette voie ; ils sentent trop bien qu'elle mène droit à la ruine de ce patrimoine de lois et de principes péniblement accumulés par d'infatigables labeurs. Mais les écrivains étrangers aux sciences naturelles n'ont pas de ces scrupules, et rien n'est utile comme leur inconsciente audace pour mettre en pleine lumière la fausseté d'une objection qui, pour mieux détruire le miracle, en est réduite à faire sauter avec lui la science tout entière. Écoutez Anatole France :

« Il ne faut pas dire, écrit-il : Le miracle n'est pas,
« parce qu'il n'est pas démontré. Les orthodoxes pour-
« raient toujours en appeler à une instruction plus
« complète. La vérité, c'est que le miracle ne saurait
« être constaté ni aujourd'hui, ni demain, parce que
« constater le miracle, ce sera toujours apporter une
« conclusion prématurée. Un instinct profond nous dit
« que tout ce que la nature renferme dans son sein
« est conforme à ses lois ou connues ou mystérieuses.
« Mais quand bien même il ferait taire son pressenti-
« ment, l'homme ne pourra jamais dire : — Tel fait
« est au delà des frontières de la nature. — Nos explo-
« rations ne pousseront jamais jusque-là (1). »

(1) Cité par Gondal (*op. cit.*) p. 172.

Pour mieux préciser sa pensée, le littérateur prend un exemple, celui d'une jambe coupée qui aurait repoussé subitement. Il est piquant de remarquer que le Dr Maurice de Fleury, à la suite de son maître Charcot, avoue qu'il y aurait dans cette guérison-là tous les caractères d'un *miracle vraiment miraculeux* : ce sont ses propres termes. Or, le Dr Maurice de Fleury est un grand admirateur d'Anatole France. Voyons donc ce que ce dernier pense de ce miracle vraiment miraculeux (1) : « Si un observateur d'un esprit vraiment « scientifique, ajoute-t-il, était appelé à constater que « la jambe coupée d'un homme s'est reconstituée subite- « ment dans une piscine ou ailleurs, il ne dirait point : « Voilà un miracle ! Il dirait : — Une observation « jusqu'à présent unique tend à faire croire qu'en des « circonstances encore indéterminées les tissus d'une « jambe humaine ont la propriété de se reconstituer « comme les pinces des homards, les pattes des écre- « visses et la queue des lézards, mais beaucoup plus « rapidement. C'est là un fait de nature en contradic- « tion apparente avec plusieurs autres faits de nature. « Cette contradiction résulte de notre ignorance, et « nous voyons clairement que la physiologie des ani- « maux est à refaire ou, pour mieux dire, qu'elle n'a « jamais été faite. Il n'y a guère plus de deux cents ans « que nous avons une idée de la circulation du sang. « Il y a un siècle à peine que nous savons ce que c'est « que de respirer. —

« Il y aurait, j'en conviens, conclut Anatole France, « de la fermeté à parler de la sorte... Vit-on un mort

____

(1) *Idem*, p. 174.

« ressusciter, le miracle ne serait prouvé que si nous
« savions ce que c'est que la vie et que la mort, et nous
« ne le saurons jamais. »

Que pensez-vous d'une objection qui conduit logique-
ment à d'aussi monstrueuses naïvetés ?

Mais il est contre ce genre d'adversaires une réponse
plus décisive encore : c'est l'analyse scientifique d'un
fait miraculeux. — Bien des causes naturelles nous
sont encore inconnues, peut-on leur dire : soit ! Il y a
place pour elles à côté et au delà des forces qui nous
sont connues. Mais quant à leur tailler un domaine
dans le champ d'action des causes déjà explorées par la
méthode expérimentale et positive : non pas ! — Et,
pour en revenir toujours à notre cas concret, nous pré-
tendons qu'un certain laps de temps très appréciable,
qui ne se chiffre pas en minutes mais en jours, est absolument nécessaire pour la guérison complète d'une fracture de jambe : c'est là une vérité d'expérience qui a
subi le contrôle des siècles.

Nous affirmons, en second lieu, que les progrès de la
biologie, en nous révélant le pourquoi de cette nécessité, l'ont élevée définitivement au rang d'une loi naturelle. Par conséquent, cette durée normale qu'exige la
soudure parfaite d'une jambe brisée, *aucune force ca-
chée de la nature* n'est capable de la supprimer ; car il
est évident que ces forces inconnues ne peuvent *rien
contre les lois naturelles.*

Prouvons rapidement chacune de ces deux affirmations.

I. *Une expérience séculaire,* ai-je dit, *nous apprend
que dans la guérison d'une fracture il s'écoule toujours un
temps très appréciable,* depuis le moment de l'accident

jusqu'au jour où les fonctions du membre s'accomplissent comme auparavant. Ce temps, quel est-il dans le cas d'une fracture des deux os de la jambe, chez un homme d'une cinquantaine d'années, comme Pierre De Rudder ?

Pour simplifier le problème, supposons une fracture récente, et sans complications d'aucune sorte. Cette durée sera plus ou moins longue d'après le traitement employé.

1° Avec le traitement habituel : *l'immobilisation pure et simple dans un appareil,* on compte au minimum sept à huit semaines avant la guérison complète, c'est-à-dire avant que la marche ne soit redevenue normale.

2° Mais depuis une quinzaine d'années, une méthode nouvelle a surgi ; elle a été préconisée par le Dr Lucas-Championnière, chirurgien de l'hôpital Saint-Louis à Paris : c'est la méthode du *massage et de la mobilisation.* Là où elle est appliquée, les résultats sont beaucoup plus rapides qu'avec l'immobilisation dans un appareil à demeure.

Pour les fractures du péroné, par exemple, le plus grêle des deux os de la jambe, la durée moyenne du séjour à l'hôpital Saint-Louis « a passé de six à trois semaines ; et tandis qu'autrefois, remarque le Dr Lucas-Championnière, ces sujets s'en allaient après six semaines... marchant péniblement... pour revenir souvent se plaindre de douleurs, de gonflement des pieds, ils partent marchant bien, sans douleurs, et nous ne les revoyons plus à la consultation (1) ».

(1) *Le massage et la mobilisation dans le traitement des frac-*

De six à trois semaines ! Cette diminution considérable, réalisée par la méthode nouvelle, fait naître aussitôt une objection : « Comment, après de tels progrès, oserait-on prétendre que, de découverte en découverte, la science ne parviendra pas à réduire à un minimum de quelques heures un traitement qu'elle a déjà raccourci de moitié ! Mais, ce que pourront les savants de l'avenir, la nature ne le pourrait-elle pas dès aujourd'hui, dans ces conditions exceptionnelles de surexcitation morale qui fouettent l'activité vitale des tissus et sont si favorables à l'éclosion des miracles. »

La réponse n'est pas bien difficile (1).

Le traitement classique des fractures, par l'immobilisation absolue, le seul encore employé dans beaucoup de cas, et souvent le seul applicable, surtout dans la pratique privée, met de nombreuses entraves à l'action normale de la nature.

L'immobilisation prolongée a pour première conséquence de retarder la consolidation osseuse, par suite du ralentissement marqué qu'elle produit dans la circulation du sang ; et cela n'est rien encore auprès des lésions positives qu'elle engendre : atrophie musculaire, raideurs articulaires et tendineuses, qui, une fois l'appareil enlevé, rendent la marche pénible, et nécessitent l'usage de béquilles ou d'une canne pendant plusieurs semaines. Or, la méthode nouvelle écarte toutes ces causes de retard dans la guérison.

tures, par le Dr Lucas-Championnière. *Journal de Médecine et de Chirurgie pratiques.* Paris. 1889, art. 14.333, p. 641-680.

(1) Pour de plus amples détails, voir notre étude sur cette guérison dans la *Revue des Questions scientifiques.*

En premier lieu, l'heureuse influence du massage sur la circulation accélère la formation du cal, c'est-à-dire de la soudure ou cicatrice osseuse ; et bientôt, peut-on affirmer avec le Dr Lucas-Championnière, « tout fonctionne à l'état normal dans l'intimité des tissus ». La consolidation se fait donc sans entrave qui paralyse la pleine action des forces naturelles de cicatrisation. Mais la méthode a pour principal avantage d'empêcher les conséquences funestes de l'immobilisation prolongée : elle conserve aux muscles leur vigueur, aux articulations leur souplesse, prévient la raideur des tendons. Par conséquent, dès que la tige osseuse, par l'ossification du cal, a repris sa solidité, le membre retrouve en quelque sorte ses fonctions intactes.

En résumé, par le massage et la mobilisation, on arrive à supprimer les obstacles qui, dans le traitement ordinaire, entravent le libre jeu des forces naturelles.

Aussi, n'est-il pas téméraire de conclure que, dans ces conditions, le temps normal, le minimum à la fois nécessaire et suffisant pour la guérison d'une fracture, est bien près d'être atteint.

De légers progrès demeurent toujours possibles, cependant ; et une méthode récente, le *traitement ambulatoire* des fractures de jambe, comme on l'a nommée, prétend raccourcir encore un tant soit peu la durée nécessaire à la consolidation.

Son avantage sur la méthode précédente serait de ne garder le malade au lit que cinq à six jours ; de là, des circonstances plus favorables à la conservation de la santé générale, et par le fait même une nutrition meilleure des tissus à cicatriser.

On est loin d'être d'accord sur l'emploi de ce traitement.

Quoi qu'il en soit, nous sommes certains de rester manifestement en deçà des données de l'expérience en affirmant que la guérison complète d'une fracture des deux os de la jambe, chez un homme de cinquante ans, la lésion fût-elle récente, sans aucune complication, et soumise à un traitement idéal, requiert de toute nécessité *une durée de quinze jours au moins*.

II. Ce n'est pas tout : nous connaissons en outre, ai-je dit, *le pourquoi de la nécessité absolue de ce minimum de temps*. Prouvons cette seconde affirmation.

Il y eut une époque où les chirurgiens voyaient dans la formation du cal, ou, si vous voulez, de la cicatrice osseuse, quelque chose d'analogue à la réunion de deux morceaux de bois que l'on soude à la colle forte. D'après eux, les fragments s'agglutinaient à l'aide d'un suc *inorganique*, « d'une lymphe, écrivait Jean-Louis Petit, en 1767, qui s'épaissit à mesure qu'elle est déposée dans le lieu de la fracture » (*Traité des maladies des os*).

Si cette hypothèse était encore admissible, on pourrait peut-être l'invoquer ici et la compléter en faisant appel aux forces inconnues de la nature. En face d'une guérison subite de fracture, « qui sait, dirait-on, si des dispositions exceptionnellement favorables n'ont pas provoqué l'accumulation et l'épaississement presque instantanés de la matière agglutinante préexistante ? » Quant à ces dispositions elles-mêmes, elles s'expliqueraient *a priori*, grâce à l'influence de l'auto-suggestion, par exemple.

Mais la lymphe agglutinative a fait son temps. Il

est démontré aujourd'hui que les fractures se cicatrisent au moyen de tissus nouveaux : leur guérison, comme celles des plaies, des ulcères, et de toutes les pertes de substance, est le résultat d'un travail biologique compliqué.

Des milliers de cellules microscopiques, grosses à peine de quelques microns ou millièmes de millimètre, se segmentent suivant une série nettement déterminée de phénomènes nombreux ; chaque cellule nouvelle grandit, et dès qu'elle est suffisamment développée, se divise à son tour ; les divisions se répètent ainsi des milliers et des milliers de fois.

Ce travail de multiplication successive terminé, le tissu jeune ou embryonnaire, qui vient d'être formé, subit peu à peu une différenciation spéciale et devient, selon les régions, de l'épithélium, du tissu conjonctif, du cartilage, de l'os. En même temps, des vaisseaux nouveaux apparaissent et pénètrent ces tissus pour les nourrir ; des terminaisons nerveuses nouvelles, s'y insinuant à leur tour, les relient aux centres et les remettent sous l'étroite dépendance de l'organisme.

Cette rapide esquisse du travail physiologique de restauration tissulaire démontre, à toute évidence, qu'il ne peut se faire sans un laps de temps appréciable dont l'observation nous fournit la mesure.

Ajoutons, enfin, que les altérations des os, toutes choses légales d'ailleurs, demandent un temps de réparation plus long que les lésions des parties molles : car il y a en réalité, dans l'ossification, formation consécutive de deux tissus avec substitution de l'un à l'autre. Le premier tissu, cartilagineux ou conjonctif, selon que la fracture est simple ou compliquée de plaie en suppuration, sert à diriger l'ossification ; l'os en l'envahissant le résorbe, se nourrit de sa substance, vit à ses dépens et finalement se substitue à lui. Ainsi s'explique la lenteur plus grande de la cicatrisation osseuse, si on la compare à celle des autres tissus de l'organisme.

Il est temps de conclure. Je suis persuadé que vous comprenez parfaitement pourquoi un certain laps de temps, que l'expérience chiffre en jours et en semaines, est absolument nécessaire à la guérison complète d'une fracture.

Nier cette nécessité, ce serait rejeter *à priori* les données les plus sûres de la science.

Un enfant vient de naître, normalement développé. Qui poussera l'absurdité jusqu'à prétendre que cet enfant peut *naturellement* acquérir en un jour les dents, les membres, la taille, tout l'organisme enfin d'un enfant de trois ans ?

Il serait tout aussi absurde d'admettre la possibilité de la guérison *naturelle* en quelques instants d'une fracture des deux os de la jambe.

II. La soudaineté de la guérison de Pierre De Rudder n'est pas historiquement prouvée

Deux faits résument cette guérison :

Au soir du 6 avril 1875, la jambe gauche de Pierre De Rudder était cassée : elle se pliait dans tous les sens au niveau d'une plaie suppurante, d'où l'on pouvait faire sortir les extrémités des fragments : *premier fait;*

Second fait : moins de vingt-quatre heures plus tard, à la place de cette plaie, on ne trouve plus qu'une cicatrice ; la jambe est consolidée et Pierre De Rudder marche sans béquilles.

. Les deux faits étaient l'un et l'autre de constatation facile ; les témoignages sont nombreux : « il y a concordance entre plusieurs observations indépendantes, contenues dans des documents différents, issus d'auteurs différents, appartenant à des groupes différents, opérant dans des conditions différentes » (1).

Ce sont textuellement les caractères exigés par MM. Langlois et Seignobos, professeurs à la Sorbonne, pour admettre qu'un fait historique est scientifiquement établi. Je les emprunte à leur *Introduction aux Études historiques*, ouvrage de grande valeur, qu'ils ont récemment publié en collaboration.

_ Je crois donc pouvoir l'affirmer à bon escient : les deux faits successifs, dont le rapprochement met en évidence le caractère surnaturel de la guérison de Pierre De Rudder, sont historiquement vrais, puisqu'ils résistent à l'épreuve des règles sévères promulguées par ces deux savants pour l'analyse des faits particuliers.

Et cependant, chose étrange ! Vous entendrez révoquer en doute la réalité de cette guérison subite (2).

(1) *Introduction aux Études historiques*, par Ch. V. Langlois et Ch. Seignobos. 3e édition, Hachette, Paris, 1900. Chap. viii : Détermination des faits particuliers, pp. 163-179.

(2) MM. Langlois et Seignobos seraient les premiers à rejeter le fait. Et pourquoi donc ? Eux-mêmes vont nous l'apprendre. « Que doit-on faire, se demandent-ils, d'un fait miraculeux ? Faut-il l'admettre après examen des documents ou le rejeter comme impossible par la question préalable ? » (*op. cit.*, pp. 176 et suivantes). Pour l'historien, répondent

On vous dira, comme on me l'a dit à moi : « Un médecin n'a pas constaté la fracture le jour même, ou, au plus tard, la veille du pèlerinage : par conséquent, votre fait n'est pas prouvé. »

Ceux qui raisonnent de la sorte sont plus difficiles que les savants médecins et chirurgiens cités plus haut, tous professeurs d'Université ou membres d'Académies de médecine. En ont-ils le droit ? Mais que fallait-il donc constater la veille du pèlerinage ? et, de la part des témoins, quelles qualités étaient requises pour que leur constatation fût recevable ?

Il y avait à voir au fond d'une plaie suppurante les

ils, la solution du conflit est évidente. Il doit repousser le miracle, sans examen, après l'avoir marqué de ce stigmate de rebut : impossible !

— Impossible ! avez-vous bien pesé la valeur du terme, messieurs les historiens ?

Il signifie que la médecine, par exemple, devant un cas de guérison subite de fracture, est autorisée à déclarer *à priori* que non seulement une telle cure ne s'est jamais présentée, mais qu'elle ne se présentera jamais, et que tout document ou témoignage tendant à l'établir est par là même non advenu. Il est clair que pareille prétention est absolument incompatible avec l'esprit scientifique moderne.

« *Ne serait-il pas plus rationnel*, demanderons-nous aux deux professeurs de la Sorbonne, en leur posant la question que, dans ses *Principes de critique historique* (p. 37, Société générale de librairie catholique, Paris, 1883), le P. De Smedt, le savant bollandiste, faisait déjà aux historiens rationalistes défendant la même thèse, *ne serait-il pas plus rationnel d'établir d'abord la vérité ou la fausseté des faits par les procédés ordinaires de la critique historique, pour examiner ensuite ce qu'il faut penser de leur caractère ?* »

bouts osseux des fragments, séparés l'un de l'autre sur une longueur de plusieurs centimètres ; il y avait à voir cette jambe, brisée sous le genou, ballotter au moindre mouvement, se plier en tous sens au niveau de la fracture, au point « qu'on pouvait prendre le pied entre les mains et le retourner, le talon en avant et les orteils en arrière, comme les lavandières tordent un linge qu'elles viennent de rincer ».

Pour voir cela, et pour ensuite en rendre témoignage, je vous le demande sincèrement, était-il besoin d'autre chose que d'avoir de bons yeux et de la bonne foi ? Or, ces deux qualités ne sont pas, que je sache, le privilège exclusif des médecins.

Je pourrais donc en bonne justice me contenter de récuser cette exigence d'une attestation médicale de la dernière heure, pour une lésion manifeste comme la cassure de la jambe de P. De Rudder.

Cette réserve faite, acceptons quand même la discussion sur le terrain où nous attirent les adversaires.

A la fin de décembre 1874, moins de quatre mois avant la guérison, le D' Van Hoestenberghe examine pour la dernière fois la jambe fracturée. Quel pronostic, pensez-vous, s'imposait à cette époque ?

Le tibia et le péroné étaient brisés à leur tiers supérieur. Les fractures de l'extrémité supérieure du tibia, celles dont le trait siège, comme c'était le cas, au-dessus du trou nourricier de l'os, sont très lentes à guérir (1). Avec le traitement classique de l'immo-

______

(1) *Des fractures de l'extrémité supérieure du tibia*, thèse de doctorat par Albert Heidenreich (depuis, professeur à l'Université de Nancy), pp. 32 et 125, Paris, 1877.

bilisation, le seul connu en 1875, leur consolidation tardive requérait un minimum de trois mois pour être menée à bien.

Cette durée concerne les fractures simples. Chez De Rudder, il y avait suppuration. Or, d'après Malgaigne (1), « une fracture affectée de suppuration, toutes choses égales d'ailleurs, demande au moins trois fois autant de temps qu'une fracture simple ».

On arrive ainsi à neuf mois environ de traitement avant d'espérer la guérison complète.

Et ne m'objectez pas que Malgaigne écrivait avant la découverte du pansement antiseptique. Même de nos jours, avec l'antiseptie, les suppurations osseuses invétérées sont difficiles à tarir. Ajoutons qu' « en 1876, au Congrès international de médecine tenu à Bruxelles, la question du pansement antiseptique des plaies fut mise à l'ordre du jour ; mais la question resta sans écho, parce que personne n'avait expérimenté la nouvelle méthode (2) ». Or, Pierre De Rudder fut guéri le 7 avril 1875.

Une première conclusion s'impose : le temps qui s'est écoulé entre la dernière visite du Dr Van Hoestenberghe et le pèlerinage à Oostacker n'était pas suffisant pour obtenir la guérison constatée, le 9 avril, par le

____

(1) MALGAIGNE. — *Traité des fractures et des luxations*, t. I, p. 166, Paris, 1847. — Consultez également les *Traités* de FOLLIN (1869), DUPLAY et RECLUS (1890), etc.

(2) *Les grands progrès de la chirurgie contemporaine*, par M. le professeur DEBAISIEUX. *Revue des Questions scientifiques*, janvier 1894, p. 19. — Voir aussi la thèse inaugurale d'André JEANNERET : *Application de la méthode antiseptique au traitement des fractures ouvertes*. Genève, 1884.

même docteur. Ce n'est pas tout. Pour la guérison, une condition essentielle était absolument requise : l'immobilité des fragments ; pas de consolidation possible sans cela. Or, il est prouvé que Pierre De Rudder, loin de garder le membre immobile, sortait, traînant, à l'aide de béquilles, une jambe ballante au moindre mouvement.

Allons plus loin. Supposons même, contrairement aux témoignages, un traitement approprié et digne en tous points des progrès les plus avancés de la chirurgie actuelle.

Les extrémités osseuses étaient rongées par la nécrose : admettons un instant qu'on les a avivées par le grattage des parties mortes.

Au tibia, un fragment avait été éliminé, et il en était résulté entre les bouts à rejoindre un écartement d'environ trois centimètres ; ces bouts, supposons-le, on les a rapprochés, on les a maintenus en contact permanent à l'aide d'une suture osseuse ; et on a réséqué au besoin la portion de péroné qui s'opposait au rapprochement.

Quel eût été, croyez-vous, le résultat de ce traitement idéal ?

Bon gré mal gré, *le tibia gauche serait fatalement deux à trois centimètres plus court que le tibia droit :* impossible avec une guérison naturelle d'échapper à ce raccourcissement.

Et que trouve-t-on en réalité ? En mettant l'un à côté de l'autre les deux os, ou mieux, en mesurant pour chacun d'eux la distance précise entre la surface articulaire supérieure et la surface articulaire infé-

rieure, nous constatons que *le tibia gauche a exactement la même longueur que le tibia droit.*

En résumé donc, l'examen médical fait par le Dr Van
Hoestenberghe, à la fin de décembre 1874, nous donne
le droit de conclure :

Premièrement : Que cette vieille fracture suppurante
ne pouvait pas être complètement guérie moins de
quatre mois plus tard, le 9 avril 1875, jour où le
Dr Van Hoestenberghe vérifia la guérison ;

Deuxièmement : Que, sans immobilisation des fragments, cette guérison n'aurait même jamais été
possible : et il est prouvé que cette immobilisation nécessaire n'a pas eu lieu ;

Troisièmement enfin, que le traitement le plus per-
fectionné était absolument incapable de restituer au tibia gauche les deux à trois centimètres de longueur
qu'il avait perdus : et cependant, si nous le comparons
au tibia droit, nous n'y découvrons pas l'ombre d'un
raccourcissement.

Après cela, n'ai-je pas le droit de déclarer impru-
dent et irraisonnable le doute qui prendrait pour prétexte l'absence d'examen médical immédiatement
avant le pèlerinage.

Un chirurgien de valeur, qui n'admet pas le caractère miraculeux de ce fait, et ne manque aucune occasion d'afficher publiquement son opinion, me disait
un jour, dans une conversation, qu'il y verrait un miracle sans hésiter, si un médecin avait constaté la fracture la veille de la guérison.

— Mais, répliquai-je, vous m'avez affirmé il y a un
instant que, vu son siège et sa gravité, cette fracture

exigeait un minimum de cinq à six mois de traitement. Le D\ Van Hoestenberghe a examiné une dernière fois la lésion moins de quatre mois avant le 7 avril, et il est avéré qu'aucun traitement approprié n'a été institué depuis. Par conséquent, de votre propre aveu, ce témoignage médical, sans dater de la veille du pèlerinage, conserve néanmoins toute son importance.

— « Le D\ Van Hoestenberghe est un vieux médecin (1), me répondit-il avec un ton méprisant. Et d'ailleurs, les plus habiles s'y trompent ». Et comme s'il eût oublié qu'il parlait à un médecin, capable donc de saisir la différence radicale entre les deux cas, il se mit à raconter l'histoire récente d'une lésion interne de diagnostic difficile et qui avait induit en erreur deux docteurs distingués.

Ainsi, d'après ce chirurgien, pour reconnaître l'existence d'une fracture, au niveau de laquelle on pouvait tordre la jambe, la plier en deux et voir les bouts osseux sortir par une plaie béante, il ne suffisait même pas d'être médecin, il fallait être *jeune médecin*, et encore !

A ceux qui s'imaginent, comme ce chirurgien, qu'en face du cas de Pierre De Rudder, ils ont le droit de passer dédaigneux et en haussant les épaules, à ceux-là nous rappellerons une des conclusions de l'étude que le savant naturaliste E. Wasmann consacrait, lors de son apparition, à la « Guérison subite d'une frac-

(1) Cette épithète signifiait dans sa bouche *un médecin de la génération précédente* ; c'est en opposition à ce sens que nous employons plus loin le mot *jeune*. Prise au sens propre, la remarque tomberait à faux : en 1875, le D\ Van Hoestenberghe avait quarante-cinq ans.

ture (1) ». Si l'un d'entre vous, leur dirons-nous, avait publié une observation de moitié moins bien prouvée que la guérison de Pierre De Rudder, il exigerait à juste titre qu'on ajoutât foi à sa communication. Et si quelqu'un avait l'audace de refuser de le croire, comme il crierait à l'attentat contre sa dignité scientifique ! « Un tel homme, dirait-il, s'est jugé lui-même ; inutile d'entrer en discussion avec lui : il ne veut pas la vérité ! » Malheureusement, *ceux qui ne veulent pas la vérité* peuvent parfois, comme notre chirurgien, joindre à la futilité de leurs objections le poids d'une autorité réelle dans leur spécialité. On les voit alors traîner à la remorque tous ces esprits sceptiques qui prennent pour règle de leurs jugements le sophisme préféré du médecin grec Sextus Empiricus. « Si la vérité est une, aimait à redire ce coryphée du scepticisme doctrinal antique, elle doit se faire reconnaître et accepter par tous. Une proposition contestée se trouve donc par cela même convaincue de n'être pas une proposition vraie. »

Quel fait de science ou d'histoire pourrait tenir devant des principes de cette espèce ?

(1) E. Wasmann S. J. — *Eine plötzliche Heilung aus neuester Zeit*, p. 16. Separat-Abdruck aus den *Stimmen aus Maria-Laach*, Freiburg i. B. 1900.

CHAPITRE III

EXAMEN DES OS

Afin de répondre pleinement aux objections, nous avons analysé scientifiquement la guérison de Pierre De Rudder. Cette étude resterait inachevée, si je n'attirais votre attention sur l'une ou l'autre particularité très intéressante des os miraculés.

Vous savez déjà que les deux jambes ont exactement la même longueur, et peut-être vous attendez-vous à les trouver semblables sous tous rapports. Si cela était, vous éprouveriez à première vue la déception que je ressentis moi-même lorsque, le lendemain de l'autopsie, une lettre du Dr Van Hoestenberghe m'apporta la description sommaire de la jambe guérie. Tant pour le tibia que pour le péroné gauches, la coaptation des fragments au niveau de la fracture est fort imparfaite, et, *à n'envisager que la soudure elle-même*, un médecin ne serait pas fier d'un pareil résultat. En effet, pour nous en tenir au tibia, le fragment inférieur, loin de s'ajuster au supérieur, le déborde en avant, à ce point que la portion du canal médullaire contenu dans le fragment supérieur reste largement ouverte en arrière. Singulière soudure pour une soudure miraculeuse !

En y regardant de plus près, cependant, l'impression fâcheuse se dissipe peu à peu, et l'on arrive finalement à cette conclusion inattendue que, pour rendre à De Rudder une marche normale, c'est dans cette position d'apparence défectueuse, et dans cette position seule que devait se faire la réunion des fragments.

Vous comprendrez facilement pourquoi.

Libre pendant plus de huit ans, le fragment supérieur du tibia (1) a été sans cesse tiré en arrière par les puissants muscles postérieurs de la cuisse, muscles fléchisseurs dont l'action n'était plus contrebalancée par l'action antagoniste des extenseurs. Ces frottements anormaux ont lentement usé la surface articulaire du tibia, que rendait d'ailleurs moins résistante la mauvaise circulation du fragment, séparé de l'artère nourricière de l'os. Un examen comparatif des deux tibias prouve la justesse de ces considérations. Ces phénomènes d'usure ont amené fatalement une position vicieuse permanente du fragment supérieur; au lieu d'avoir, comme du côté droit, une direction verticale, il oblique assez fortement en arrière. Supposez, dans de telles conditions, une coaptation parfaite des fragments; qn'en serait-il résulté? Une déviation de la jambe gauche, dans sa totalité; et Pierre De Rudder, avec une soudure plus régulière, eût été beaucoup moins bien guéri. Dans la station debout, l'axe de la jambe gauche, qui doit être parallèle à celui de la jambe droite, aurait fui obliquement en arrière, le pied gauche n'eût reposé sur le sol que par la pointe, et la marche eût été des plus défectueuses.

Or, ce que Pierre demandait dans son ardente

____

(1) L'étude comparative des deux péronés complète ces renseignements; nous l'omettons, pour ne pas compliquer les choses.

prière à Notre-Dame de Lourdes, ce n'était nullement d'avoir un tibia gauche sans la moindre trace de fracture ; c'était de marcher convenablement afin d'être à même de travailler pour les siens.

Il y avait moyen, je le sais, de lui restituer en même temps et une marche normale et une jambe gauche en tout semblable à la jambe droite ; mais cela nécessitait un renouvellement complet, pour ainsi dire, du membre inférieur gauche jusqu'à la hanche : renouvellement de la surface articulaire de l'os de la cuisse, altérée, elle aussi, par l'usure ; renouvellement des muscles qui, de leur côté, s'étaient insensiblement adaptés à la position vicieuse.

Le procédé fut beaucoup plus simple. Les fragments inférieurs du tibia et du péroné ont glissé au-devant des supérieurs juste de la quantité nécessaire pour corriger la déviation de ces derniers, et restituer ainsi à la jambe gauche, dans son ensemble, une direction parallèle à celle de la jambe saine. Une fois le parallélisme des axes rétabli, la transmission du poids du corps s'est effectuée d'une façon aussi normale à gauche qu'à droite, et De Rudder a pu marcher comme avant l'accident.

Ce mode de guérison joignait à sa grande simplicité l'immense avantage de laisser une marque ineffaçable de la lésion préexistante.

Je vous ai cité précédemment l'opinion singulière d'un médecin renommé qui va jusqu'à prétendre qu'il n'y avait pas de fracture, mais une pure contracture hystérique.

Pareille négation fait hausser les épaules. Que n'eût-elle pas gagné, grâce à l'autorité médicale de son inventeur, si toute trace de fracture avait disparu ?

CONCLUSION

De l'aveu du Dr Boissarie, l'historien des miracles dus à l'intercession de Notre-Dame de Lourdes, la guérison de Pierre De Rudder tient parmi eux le premier rang.

« Cette autopsie d'un miracle, disait-il en juin 1900, au Congrès catholique de Paris (1), c'est la chose la plus étonnante que nous possédions. Toutes les objections que l'on soulève autour des guérisons de Lourdes : les plaies nerveuses, la Foi qui guérit, les effets de suggestion, tout vient échouer devant des faits d'une évidence pareille. Cette démonstration a toute la rigueur d'une démonstration scientifique. L'acceptera-t-on sans protester? Mais si les mathématiques avaient une sanction morale, on les contesterait. » Et le Dr Boissarie terminait ainsi sa conférence : « Quand vous rencontrerez des négateurs obstinés, souvenez-vous de De Rudder. Vous pouvez sans crainte citer cet exemple; par aucun côté on ne pourra le battre en brèche, et sur un fait aussi documenté, tous les efforts de l'impiété viendront se briser. »

*
* *

Le 5 novembre 1901, les médecins du comité parisien de la société Saint-Luc, sur la proposition de M. le

(1) Dr Boissarie. — *Le surnaturel au XIXe siècle*. Travail lu au Congrès catholique de Paris, le 10 juin 1900. — Voir *Annales de N.-D. de Lourdes*, juin 1900, pp. 65 et suivantes.

docteur Le Bec, chirurgien de l'Hôpital Saint-Joseph, votaient les conclusions suivantes :

« Les membres de la société Saint-Luc, après avoir examiné les circonstances de la guérison de Pierre De Rudder, atteint d'une fracture suppurée de la jambe datant de huit ans environ, sont d'avis :

1° Que la réparation osseuse intégrale révélée par l'autopsie n'a pu se faire subitement par les moyens naturels ;

2° Que les affirmations des nombreux témoins oculaires, qui ont visité le malade immédiatement avant la guérison, sont suffisantes pour attester la persistance de la fracture, même en l'absence de certificat médical, rédigé à ce moment précis. Ils pensent en conséquence que cette guérison subite doit être regardée comme un fait d'ordre surnaturel, c'est-à-dire miraculeux. » Joignez à cette déclaration de médecins les témoignages que je citais à la fin du premier chapitre : ceux des professeurs de Louvain, Lefebvre et Masoin, et celui du Dr Moeller, membres tous trois de l'Académie de médecine de Belgique ; le témoignage du Dr Lavrand, professeur à l'Université catholique de Lille ; celui du Dr Duret, professeur de clinique chirurgicale et doyen de la Faculté de médecine à cette même Université, ex-chirurgien des Hôpitaux et membre correspondant de l'Académie de médecine de Paris.

Ajoutez, au poids de ces autorités compétentes, les conclusions où vous êtes arrivés vous-mêmes par un examen attentif des circonstances historiques du fait, et par son analyse scientifique ; et dites-moi :

Serait-il raisonnable de mettre en doute le caractère miraculeux d'une guérison qui se présente entourée de tant de garanties ?

A CONSULTER

De Bonniot, S.-J. — Le miracle et ses contrefaçons, 5ᵉ édit.,
Retaux, Paris, 1895.

Gayraud, Député du Finistère. — La Crise de la Foi. Bloud,
Paris, 1901.

Dr Goix. — Le surnaturel et la science. Le miracle. *Annales
de Philosophie chrétienne* : 1898-1899, — et Bloud, Paris,
1900.

Tronchère. — Il n'est pas impossible de constater de vrais
miracles. *Thèse de doctorat en théologie de la Faculté de
Lyon.* — A. Prades-Freydier, Le Puy, 1897.

DE LA COLLECTION : « SCIENCE ET RELIGION »

1. Coste, Docteur en philosophie et en théologie : Qu'est-
ce que le miracle ? (nᵒ 88), 1900.

2. De la Barre, Professeur à l'Institut catholique de Paris :
Faits surnaturels et Forces naturelles (nᵒ 48), 3ᵉ édit., 1900.

3. Is. Lenoy, Ancien directeur de séminaire : La Constatation du miracle (nᵒˢ 168 et 169), 1902.

TABLE DES MATIÈRES

Saint-Amand (Cher). — Imprimerie BUSSIÈRE.